自衛隊メンタル教官がすすめる
プチ楽観主義

# 不安がりやさんの頭のいいゆるみ方

心理カウンセラー
下園壮太

さくら舎

# 不安がりやさんが見ている世界とそうでない人の世界はこんなに違う

ファミレスでの女子会　Aさんの場合

ファミレスでの女子会　Bさんの場合

**不安がりやさんは、あれこれ考えて楽しめず、しんどい…。**

**「プチ楽観主義」でちょっとラクになろう！**

目次◆不安がりやさんの頭のいいゆるみ方
——自衛隊メンタル教官がすすめるプチ楽観主義

マンガ　不安がりやさんが見ている世界とそうでない人の世界はこんなに違う

## プロローグ

不安がりやさんのしんどい世界…15
不安がりやさんは不安を見すぎている…18
プチ楽観主義なら不安がりやでもなれる…20
疲れすぎると誰でも不安がりやになってしまう…22
たった5分で心が軽くなるエクササイズ…24
心でなく、心の「状態」を変えるスキル…29

パート1

# あなたの不安の正体

## 第1章　不安がりやさんになりやすい現代人


不安はエネルギーを大量消費させる…34

楽観主義になりたいけれど、なれない理由…37

現代人は本来以上に不安がり度がアップ…39

不安が拡大していくプロセス（不安ネズミの成長）…42

1 不安の芽が見つかる（普通のネズミ）…42

2 そのことを注視する（警戒ネズミ）…42

3 不安が高まる（びくびく繊細ネズミ）…44

4 不安で疲れる（ぐったりネズミ・情報おぼれネズミ）…44

5 不安にすくみ、行動できなくなる（硬直ネズミ・攻撃ネズミ）…45

6 自信を失い、さらに不安になる（闇堕ちネズミ）…46

7 ヤケになり、突発的な行動をとる（パニックネズミ）…46

不安の4つの王道対処法と落とし穴…47
1 情報収集する…47
2 問題解決する…48
3 自己改革する…50
4 忘れてしまう…51
不安の本質はリスク回避…52
なぜ過剰に発動してしまうのか…54
不安と疲労は相互拡大する関係…56

## 第2章 疲労と情報が不安を強くする

明日のプレゼンが死ぬほど不安…60
不安の3段階、あなたはどこにいる?…61
■ 不安の第1段階──通常警戒レベル…62
■ 不安の第2段階──不安が頭から離れず夜も眠れない…62
■ 不安の第3段階──ネガティブ思考がどんどん拡大…62

不安とリンクする疲労の3段階…65
■疲労の第1段階──通常疲労レベル…65
■疲労の第2段階──疲労が蓄積され不安が2倍に…65
■疲労の第3段階──疲労も不安も3倍モード…67
不安情報と疲れすぎでうつっぽくなる…67
過剰不安は蓄積疲労が抜けるまで続く…70
不安がりやさんには理性の対処法は逆効果…71
1 情報を集めるほど不安になる──情報収集法の破綻…71
2 自己決定のプレッシャーにやられる──論理的問題解決法の破綻…72
3 自責と自信喪失でうつっぽくなる──自己改革法の破綻…75
4 引きずりすぎて疲労困憊──忘れてしまう法の破綻…77
不安がりやさんが持っている「4つの思考の偏り（信念）」…79
パワハラも過剰な不安が引き起こす…81
これまでとは違うスキルを試すとき…83

## 第3章　仮想現実が5％変われば楽になる

正しさより自分に合っているかが重要…86
現代人を苦しめる「比較の苦しさ」…88
期待値が仮想現実の快・不快を決めている…89
期待値の高い人の仮想現実が変わった！…91
高すぎるハードルは不幸のもと…94
仮想現実が５％だけ変わればＯＫ…96
偏った観察が偏った信念をつくり、仮想現実を支える…98
何事も「慣れ」が大切です…101

パート2

# 不安がりやさんでもできる「プチ楽観主義」メソッド


## プチ楽観主義1　ネガティブな感情を認める

不安をなくそうとせず、ボリュームを調整する…106

期待はほどほどにしておく…108

不安とのうまい付き合い方…113

1 環境を整える（刺激から離れる）…113

2 睡眠をとる（エネルギーケア）…114

3 不安の声を聞く（セルフカウンセリング）…115

## プチ楽観主義2　のんびり成長していく

人が変わるのには時間がかかる…120

正しさへのこだわりを捨てる…123
コスパ、タイパは自己否定のもと…125
40回、400回の法則でゆっくりと…127
感情のリバウンドを避けながら進む…129
微調整しながらいいバランスを探りつづける…131
7〜3バランス法で現実的な目標設定…134


## プチ楽観主義3　「自力で頑張る」から「他力を頼る」へ

努力で変えられるもの、変えられないものがある…138
何かに頼って気楽になる…140
行動すれば、感情も変わる…141
神頼みの練習…143
守護神を持つ練習…146
他人頼みの練習（人を頼る練習）…148

好き嫌いや勘で決める練習…151
論理的でなくても全然問題なし！…153
集中して悩み、放置する練習（インターバル思考法）…155

## プチ楽観主義4　苦しみ依存をやめて楽しみを増やす

仮想現実をケアして不安を軽くする…160
不快情報はできるだけ減らす…162
1 嫌な刺激は入れない・逃げる…162
2 「癒し系」ストレス解消法を育てておく…165
快情報はどんどん増やす…169
1 肯定感にひたる「快感シャワー」…169
2 自己イメージを「体験」でアップ…173
3 「感謝」は思えば3倍、動けば3乗（9倍）…175
4 ことわざ、格言で視点を変える…179
5 楽しいイメージ力を鍛える…183

苦しみ依存をやめ、楽しむことをためらわない…188
1 苦しみ依存の生き方をしている?…188
2 楽しむことへの罪悪感を減らす…190
3 小さなことから楽しさを開発…192

## プチ楽観主義5　動いてゆるめて自由になろう

不安で硬い体をゆるめる…196
1 DNA呼吸法と楽呼吸…198
エネルギーケアで疲労をゆるめる…201
1 休む練習、途中でやめる練習…204
不安だらけの人間関係をゆるめる…207
1 悩んだときの相談先を育てておく…208
2 対人恐怖を克服する方法…211
3 対人恐怖をゆるめる視点修正（7つの視点、3Y・KGBACT）…214
不安にすくんだ自分をゆるめる行動スキル…217

1 好き嫌いで決める…220
2 ノリで決める（流れに乗る、流されてみる）…221
3 勘で決める…222
4 神頼みで決める…222
5 感情で決める（感情の小人の声を聞く「心の会議」）…223
6 7〜3バランス法（行動法として）…226

上手な「反省会」で仮想現実をゆるめる…227

1 振り返るタイミング…228
2 自分にダメ出しはせず、隠れた期待値をチェック…229

おわりに…234

巻末資料　人の心の15の特徴…239

# 不安がりやさんの頭のいいゆるみ方

——自衛隊メンタル教官がすすめるプチ楽観主義

# プロローグ

## 不安がりやさんのしんどい世界

同じことを経験しても、とてもネガティブに受け取る人と、たいしたことないとスルーできる人がいます。前者を不安がりやさんと呼びましょう。

冒頭のマンガは、不安がりやさんとそうでない人に見える世界の違いをわかりやすく描いたものです。たいしたことないとスルーできるAさんに対して、不安がりやのBさんはなかなか大変そうですね。同じ場面を、文章でもう少し詳細にイメージアップしてみましょう。

＊　＊　＊

AさんとBさんは、ほかのお友だちと合計4人で、ファミレスでおしゃべりをしています。まずは、Aさんの世界からのぞいてみましょう。

初心者マークをつけたホールスタッフがやってきて、注文を取りました。新人さんのようで、今日のおすすめを聞いてもテキパキとは答えられません。

Aさんは自分がファストフード店でアルバイトを始めたときのことを思い出し、新人さんは大変だなと思いました。

お友だちと仕事の話になりましたが、いまの仕事は仲間にも恵まれて、やりがいもありいい職場だなと思いました。ただBさんの職場がかなりひどいようなので、自分の職場の話はあまりしないでおきました。

ホールスタッフは案の定、オーダーミスをしたようで、Aさんの食後のデザートのパフェが注文されていませんでした。Aさんは「彼女、いっぱいいっぱいだったしね。そういうこともあるよ、もういいよ」と笑ってすませました。

Aさんは、ほかのお友だちから一口ずつデザートをもらいました。いろいろなデザートを味見できて、逆にラッキーと思いました。

久しぶりに会った仲間たちとの食事は、とても楽しい時間でした。

さて、今度は不安がりやのBさんの世界です。

Bさんは、ファミレスに10分前に着いていましたが、ほかのメンバー3人は約束の時間を5分過ぎた頃、3人一緒に入ってきました。

「久しぶり」とにこやかに挨拶《あいさつ》をしたのですが、どうも3人は、ここに来る前にすでに会っていた雰囲気です。**「自分だけのけ者にされた」**とBさんは感じました。

ホールスタッフが注文を取りに来たのですが、Bさんのメニューだけ聞き返されました。注文用のスマホを操作しながらニヤニヤしているので、Bさんは**「自分が頼んだ安いランチのことを笑われた」**と感じました。

職場の話になったので、いまの職場がひどいということを話していたところ、仲間の1人がコップの水をこぼしました。そのタイミングから、**「『その話はもう聞きたくない』というメッセージだ」**と感じたので、Bさんはそれ以降話をしませんでした。Aさんの職場の話もまだだったのですが、Aさんも職場の話に戻してくれませんでした。

3人は推し活の話や旅行の話で盛り上がっていましたが、**すべてBさんが話に入れないテーマを選んでいる**ように感じました。

先ほどの悪意のあるホールスタッフが、Aさんのデザートを注文し忘れたようなのですが、Bさんは、**「あのホールスタッフは自分のデザートを注文しないようにしたのではな**

**いか」**と気がつきました。というのも、Aさんが頼んだデザートは最初Bさんが注文したものだったからです。Bさんはその後注文を取り消して、ほかのデザートにしました。

Aさんを見ると、全然気にしていないようです。自分でも、「気にしすぎかな」と**自分のダメなところ**を強く意識しました。

「だからこういうことが起こるのだ。**私は中学校のときからいつも仲良しグループの中でひとり孤立していた**」と、過去の嫌な経験を思い出していました。

ファミレスを出てAさんに「楽しかったね、また会おうね」と言われたのですが、Bさんは本当はもう会いたくないと思っています。一方で、そう思っているのに、**「また誘われれば断りきれなくて、会って嫌な思いをするのだろうな」と考えている嫌な自分**に幻滅します。

ファミレスで同じ時間を過ごしたAさんとBさん、その内面の世界はかなり違いますね。

## 不安がりやさんは不安を見すぎている

Bさんのように日々いろいろなことに悩んで、疲れてしまう人は多いものです。ほかの人を見ると、自分より楽観的で、うらやましいなと思います。

なんとかしたくて心理学の本を読むと、ポジティブシンキングとか楽観主義のことが書いてあります。なるほどと思ってやってみるのですが、どうしてもうまくできません。楽観主義には強く憧《あこが》れるのですが、一方で、**「そんな楽観的になってしまったら、とても大きなリスクを避けられなくなる」という、うっすらとしたそら恐ろしさ、危うさ、そして、なぜか罪悪感を覚えてしまう**からです。

でも、いまの不安がりやの自分もつらい。

不安な世界を見すぎると消耗し、すくみ、不必要に過去の記憶と将来の不安の世界に引きこもりがちになってしまいます。

他人も社会も怖くなるし、チャンスを失ってばかり。また、被害者意識が強く、社会や他人を非難したり、文句や不平不満ばかり言っている自分に幻滅もします。

本書は、そんな不安がりやさんのあなたに向けて書きました。

不安を見すぎるのはつらい、でも楽観主義も怖い。

本書が提案するのは、**いまより「ちょっとだけ」楽観主義寄りに変われるメソッド**です。

それを「プチ楽観主義」と名付けました。

プチ楽観主義とは、上手に不安を見るスキルです。

**不安がりやさんは、不安を見すぎ**です。不安を目の前10センチに近づけ、視野は不安に覆われ、その細部を1つずつ見ては、不安をふくらませています。

一方、楽観主義は、不安を見ません。不安と違うほうを見て笑っています。ただ、これもリスクを無視することなので、笑って進んでいるうち電柱にぶつかる可能性もあります。

**プチ楽観主義は、1メートルぐらい離れて不安を眺める方法**です。不安をだいぶ小さく感じます。不安の全体も周囲も見えます。また、いきなり細部にもとらわれません。

## プチ楽観主義なら不安がりやでもなれる

さて、先ほど本書は、いまよりちょっとだけ楽観主義寄りに変わることを目標としていると紹介しました。その「ちょっとだけ」をもう少し具体的にお伝えしましょう。

人には不安がりやさんとそうでない人がいます。1〜10段階の不安レベルがあるとイメージしてください。極端な不安がりやを10として、逆にほとんど不安を感じないで超楽観的な人を1としましょう（**図1**）。

図1　プチ楽観主義はどこを目指すか？

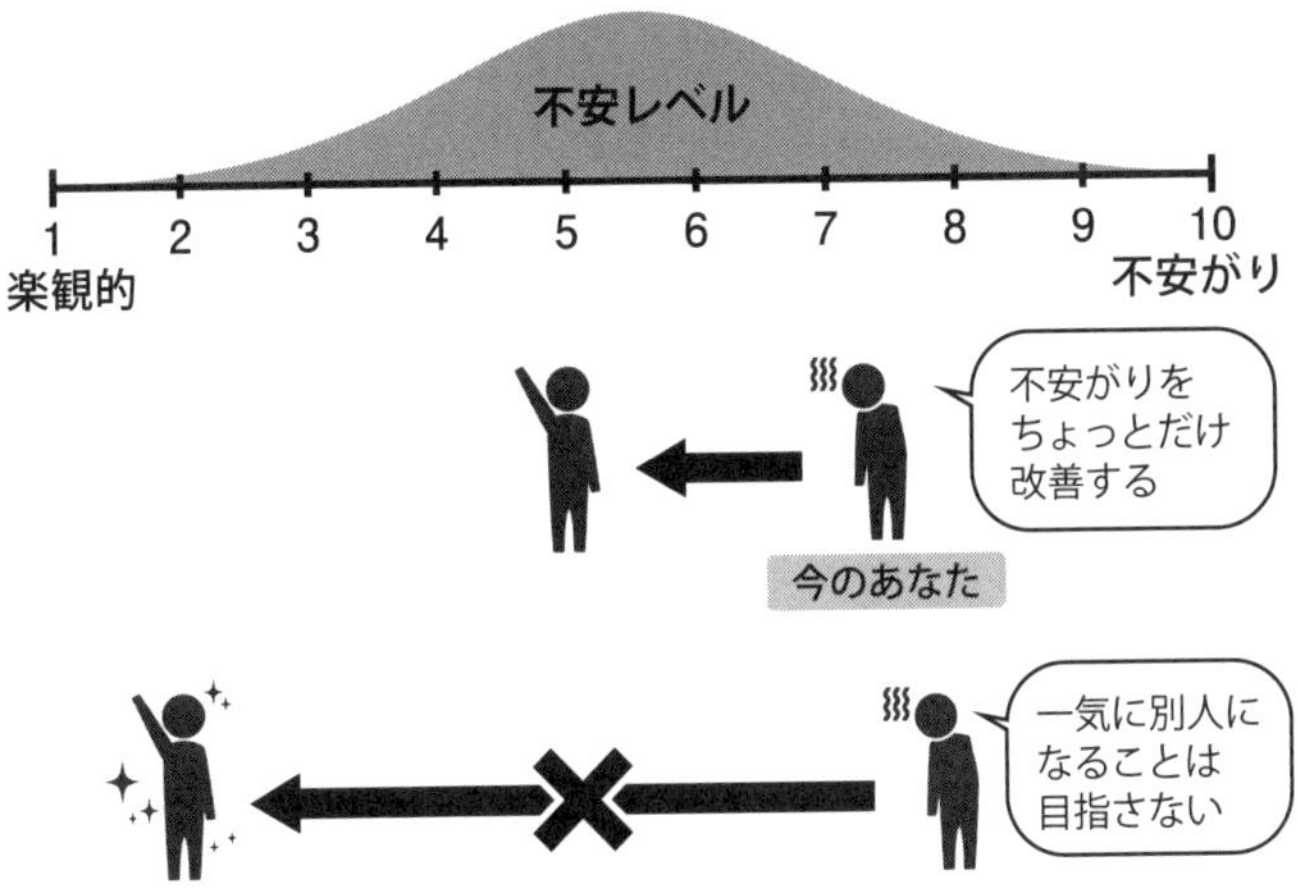


多くの人を集めると、レベル5か6ぐらいをピークに正規曲線で分布していると思ってください。

さて、あなたはこの不安レベルの中で、どれぐらいの不安がりやでしょうか。

本書を手に取っていただいたということは、おそらく人よりも不安がりやで、レベル7か8ぐらいの方が多いのではないでしょうか。

7か8ぐらいだと、世の中のいろいろなことに心配し、気を遣い、ハラハラしながら生きていく時間が長くなります。そのことで疲れやすくもなるし、イライラもするでしょう。

そういう方がレベル5か6ぐらいになると、だいぶ楽に毎日を過ごせるようになると思います。

**あなたが、不必要な不安で消耗しないようになる**こと。

本書はそこを目指しています。

不安レベル2のポジティブな人が、もっとポジティブな1になるためのものではないのです。ましてや、不安レベル8の人が2になる、いわば別人になることを目指すものでもありません。

## 疲れすぎると誰でも不安がりやになってしまう

さて、どこを目指すかという目標はわかっても、「私のこの不安がりは、本当にそこまで改善されるのだろうか……」という疑問を持つことと思います。

本書は、ポジティブになったほうがいい、という理屈《りくつ》を紹介するものではありません。

そんなことはもう十分にわかっています。

でも、**なかなかポジティブになれないから困っている**のです。

いろいろな本に書いてあるさまざまな考え方や視点を試してみても、そのときはちょっといいかもしれませんが、なかなかうまくいかず逆に自分にがっかりするだけです。

### 図2　不安がりをどうやって変えるか

**適切な目標、作戦が大切**

**目標** …不安がりを少し改善

**作戦** …不安を感じすぎる「状態」にならないようにする（＝疲れすぎないようにする）

**×** …「ポジティブな自分」に変わることは目指さない（＝別の人間になろうとしない）

私はカウンセリングで多くのそういう方とお付き合いしていますが、不安がりやさんが「ゆるむ」ためにはいくつかのコツや手順があるのです。

そのコツの1つを紹介すると、**不安を感じないようにするのではなく、感じすぎる「状態」にならない**ように気をつけるのです。別の言い方をすれば、**過剰に不安になる「状態」を避ける**のです。

意外かもしれませんが、そのために**いちばん重要なのは、疲れすぎないようにすること**です。本書では「エネルギーケア」と呼んでいますが、疲れすぎると誰でも不安がりやになるのです。エネルギーロスでダウンすると、うつにもなりかねないのです。そうならないために、適切な目標と作戦が大切です（**図2**）。

私は、元自衛隊のメンタル教官です。自衛隊員は厳しい環境の中で任務を遂行《すいこう》しなければなりません。自衛官といってもいろいろな人がいます。不安がりやさんも少なくありません。そのような人でも、きちんと任務を遂行できる状態に整えるのが私の仕事でした。その現場でいちばん重要だったのが、エネルギーケアだったのです。

自衛隊を退職してからは一般の方をカウンセリングしていますが、エネルギーを無駄にロスさせない、エネルギーケアの重要性は、そこでも確信しました。

本書では、エネルギーケア以外にも、これまであなたが知らなかっただろういくつかのコツと手順を紹介していきたいと思います。

## たった5分で心が軽くなるエクササイズ

本格的に読み進める前に本書の「核」となるエクササイズ（心の中が少し軽くなる5分間エクササイズ、**図3**）を最初に紹介したいと思います。というのも、理屈から入るよりも実際に体験したほうが「納得感」を得やすいからです。

また、この本を読む方は、すでに不安で疲れ果てている人も多いはずです。じつは私は多少理屈っぽいところがあるので、どうしても説明部分が多くなってしまいがちです。理屈から説明しはじめると、みなさんはその理屈を理解するだけで萎《な》えてしまうこともあるでしょう。

そこで、私が伝えたい概念を「体験」でなんとなく理解した後に、必要ならその後の理屈の部分を読み進めていただければいいと思うのです。

まだ理屈を説明していないのであやしい感じがするかもしれませんが、騙《だま》されたと思ってぜひ、やってみてください。

〔準備〕

5分ほど1人になれる時間と場所を選んでみてください。

〔環境が整ったら〕

これからのことで、ちょっと嫌だな、不安だなと思うことをイメージしてみてください。長年の恨《うら》みのような大きな不安ではなく、軽めの不安を選ぶことがコツです。

その不安なことについて、10〜30秒ほど考えます。体に嫌な感じがしたら、その感覚も覚えておいてください。

### 図3　心の中が少し軽くなる５分間エクササイズ

10〜30秒…これから先のちょっと不安なことを軽くイメージする
そのときの体の感覚・感じを覚えておく

① 1分…**ストレッチ**：「う〜ん」と言いながら、ゆっくり背伸び。首や肩、腰などをゆっくり回す

② 1分…**楽呼吸**：少し長めに息を吐いて吸う。吐きながら脱力〜

③ 30秒…**体と心の観察1**：リラックスした体の状態を味わう。不安な心に少し余裕ができる

④ 1分…**快感イメージ補給**：楽しかったこと、うれしかったことをできるだけリアルにイメージする

⑤ 1分…**体と心の観察2**：楽になった体を意識しながら、不安なことを考える。前より少し気楽な感じが味わえる

## ①ストレッチ

いったん、その不安なことから離れ、立ち上がって、両手を上に上げて背伸びをしてみます。声が出せるときは「うーん」とか「あ〜」などの声を出すといいでしょう。

首や腰、肩などを、ゆっくり回してみてください。自分でちょっと痛いと感じるようなところも回してみましょう。このとき、グリグリとやるのではなく、呼吸を止めずに、ゆっくり動かすことがコツです（1分↑だいたいの目安です）。

**②楽呼吸**

イスに座って自分の呼吸を観察してみてください。そして、ほんの少しだけ長い呼吸をしてみます。長すぎると苦しくなるので、0・5秒か1秒でいい、ほんの少しだけ長く吐《は》いてみてください。ため息をつくように吐きながら、脱力してみてください。もし苦しくなったら、苦しさを乗り越えようなどとせず、呼吸を短くしてください（1分）。

**③体と心の観察1**

楽呼吸で1分ほど経ったら、かなり体がリラックスしてきます。そのリラックスした体の状態に意識を向けてください。ここからが大切なポイントです。**リラックスした体の状態に意識を半分残しながら、もう半分の意識で先ほどの不安なことを考えてみる**のです。

おそらく、世の中はまったく変わっていないのに、なぜか少しだけ、心に「なんとなく余裕がある感じ」がしませんか。

その感じを味わいます（30秒）。

### ④快感イメージ補給

次にいったん不安なことから離れて、今度はこれまでの人生の中で、うれしかったこと、楽しかったことを思い出してみてください。できるだけ細部まで、リアルに思い描くようにしてみてください（1分）。

### ⑤体と心の観察2

まず体の観察です。少しだけ胸が広がり、呼吸が楽になり「あたたかくなるような感じ」がしませんか。次は心です。先の体のリラックスのときと同様、半分楽しいイメージと体感に意識を残したまま、もう半分の意識で不安なことを考えてみます。

エクササイズ前と比べて、少し気楽に感じませんか。その感じを味わいます（1分）。

たった5分のエクササイズですが、多くの人はこのエクササイズをやる前よりも、なんとなく心が落ち着き、あたたかくなった感じを持てたのではないでしょうか。また、不安なことを思い出しても、なんだか嫌な感じが薄らぎ、たいしたことがない問題のように感じたのではないでしょうか。

（もし、このエクササイズで何の効果も感じなかったという人は、ほとんどの場合、すでにエネルギー不足で不安がりが強くなっている状態です。本書を読み進めて、ある程度不安がりをゆるめてから再度実施してみてください）

## 心でなく、心の「状態」を変えるスキル

さて、ここでもう一度、**このエクササイズの前後で、実際の世の中はまったく変わっていない**、ということを思い出してください。

また、みなさんは、**自分の性格や考え方を変えようなどと努力もしていない**、ということも重要なポイントです。

そうなのです。

私たちは、自分の心の状態が悪いときに、どうしてもそれを外部のせいだ、とか自分の性格や考え方のせいだ、と考えて、その2つを変えようと努力してしまいます。

たしかにそれがうまくいくこともあるかもしれませんが、なかなかうまくいかないことも多いのではないでしょうか。

そういうとき、外界に働きかける、あるいは、自分の性格を改善するという2つのルート以外に、**自分の心の「状態」に働きかけるという方法論がある**ことを知っておくとよい

のです。

**いろいろなことを過敏に感じない状態をできるだけキープする**ことで、あなたの不安がりを少しずつゆるめていきましょう。

**まとめ**

・不安がりやさんは、不安を見すぎ

・不必要な不安で消耗しないことを目指す

・プチ楽観主義＝性格改善ではなく、心の「状態」を変える方法

パート
1

# あなたの不安の正体

「世の中はリスクだらけ、悪人だらけ」の「こわい世界」に住んでいる不安がりやさん、でもそれは本当でしょうか?

不安とはどういうものか。まず、その本質と特徴を理解しましょう。

# 第1章

# 不安がりやさんになりやすい現代人

## 不安はエネルギーを大量消費させる

不安は情報に関係して大きくも小さくもなるものですが、インターネットと付き合うようになって、現代人の不安の総量はこれまでの人類の中で最も大きくなっているのではないかと感じます。

リスクを回避しようと、目立つことを避ける、褒《ほ》められることを避ける、結婚を避ける、昇進を避ける、留学を避ける、リーダーになることを避ける……など、できるだけ無難《ぶなん》に過ごしたい人が増えてきているように思います。どうも**多くの人が、人や世の中を過剰に恐れるようになってきている**と感じるのです。

過剰な不安傾向は、単にチャンスを失うというだけでなく、日々の生活を送るのが大変になってくるという側面があります。

不安がりやさんを観察していると、たしかに多少のリスクはあるのかもしれないけれど、それに過剰に反応してしまい、そのことを警戒《けいかい》して穏やかに過ごせないし、いつもイライラしています。どうもその人は「世の中が悪人だらけの世界」に住んでいるようです。

ほかの人には何の変哲もない穏やかな日々でも、つねに気を遣い、警戒し、何かにおびえながら生活しているので、大変な毎日です。

**不安という感情は、大変エネルギーを消耗《しょうもう》させて、うつの原因になります。**そして、うつになると、症状としての不安と怒りが発動します。**うつっぽくなると、誰でも不安と怒りがいつもの2倍、3倍強く感じられるようになる**のです。そんな人が増えてくると、どうしても社会がギスギスした状態になります。

人は文明社会の中で生きやすくなっているはずなのに、なぜか過剰な警戒を持ち合い、対立し、攻撃してしまう構造になりつつあるようです。

文明の発達によって、不安はなくなるはず……でした。

ところが、新型コロナウイルス感染症などへの対応を振り返ってみても、医療が発達し対応できる範囲が増えたことが、逆に私たちにいろいろなことを考えさせ、私たちを動揺させた面があります。

医療につながるには……、供給の少ないワクチンを打つためには……、ワクチンの効果や副反応について正しく判断するには……、自粛《じしゅく》ムードのなか事業を継続するには……、飛沫《ひまつ》を防ぐには……、いろいろな不安に私たちは呑《の》み込まれました。

技術の発展は不安の低減に直接的にはつながらないのです。むしろ情報の発達により、不安は拡大しました。コロナのニュースにくぎ付けになり、患者数の増加におびえました。コロナにかかる人は相変わらずいるのに、いまは、コロナに関する情報の洪水がないので、みな穏やかな毎日を過ごしています。いかに私たちの不安が情報によって煽《あお》られるものかを自覚できる体験でした。

これからの時代、ＡＩ（人工知能）などによるフェイクニュースが多発して、不安はよりいっそう大きくなってくるでしょう。

今後さらに大きくなる不安に呑み込まれないように、私たちは不安との付き合い方を身につけなければならないのです。

本書で紹介するのは、これまでよい人生のために必要であった**「よく考え、自己責任で選択する」というスタンスを少しゆるめて「自分の直感や感情に素直になったり、自分の運命を天に任せる」スタンスを取り入れる**ことで、現代人が陥《おちい》りやすい過剰な不安を予防する方法論です。

もし自分の性格や生活に取り入れられそうなものがあったら、ぜひ試してみてほしいと思います。

## 楽観主義になりたいけれど、なれない理由

では、楽観主義で生きればいいのでしょうか。

不安がりやさんは自分よりも楽観的な人に触れると、とてもうらやましく思います。いろいろなことに勇敢にチャレンジして、チャレンジするからこそ成功を手に入れているように見えます。なにより、毎日おびえないで過ごしていることがうらやましくてなりません。

だから、「楽観主義」とか「ポジティブシンキング」などに憧《あこが》れます。そうなれるように努力する人も少なくありません。そして努力によって、少しはそういう要素を身につけられる部分もあります。

しかし人の本質は、それほど簡単には変わらないものです。プロローグの1～10の不安レベル（21ページ**図1**）でいえば、1～2段階ぐらい楽観的になれる程度でしょう。

たしかに楽観主義だと、行動に移し、その結果よいリターンが得られる可能性は高くなるかもしれません。

しかし**現実社会では、つねによい結果が得られるわけではない**のです。

いくら努力しても就職できないことはあるし、結婚相手に恵まれない、子どもに恵まれない、災害や事故に遭《あ》ってしまう、事業で失敗することもあるのです。

このように何か悪い結果が出ても、生来《せいらい》の楽観主義の人は「今回は例外。ほかはうまくいくはず」と考えられるかもしれませんが、努力して楽観主義を身につけようとしている人の場合、どうしても「努力が足りなかった。自分には才能がないからだ」という思考が湧《わ》きやすいのです。

もともとの不安がりやさんが、楽観的になろうとしても難しいのは、じつは**心の奥底では、楽観的になってしまうのが怖い**部分があるからです。

楽観主義は、将来の重大なリスクを無視することになります。また、楽観主義を続けるには、いわゆる「評価」も甘くなければなりません。ある程度できている、ある程度うまくいっている、ある程度社会から恩恵を受けている……などと評価しているからこそ、楽観主義でいられるのです。

逆にいうと、自分や周囲の人、社会に対して「甘い」。

**不安がりやさんは、その甘さが嫌い**なのです。甘くすると、「成長しない」という怖さもある。さらに、これまでそうやって警戒し、厳しく評価してきたことで今日までなんとか生きてきたという自負もあるので、いまさら急に、それを捨てて「新しい自分」になること自体に、不安を感じてしまうのです。

一方、生来の楽観主義者でも、楽観主義的思考で逆に悩みにはまってしまっている人もいます。それは世の中に対する期待値が高すぎるからです。

はたから見たらかなりうまくやれているという状況でも、**「自分はもっとできるはず、もっと受け入れられるはず」という期待値が高すぎてしまうために、**いつまでも満足しきれず、どこか**不全感を持ってしまう**場合があるのです。

ですから、楽観主義でありさえすれば、必ず幸せになれるかというと、そう単純なものでもないのです。

## 現代人は本来以上に不安がり度がアップ

不安への対応の必要性と楽観主義の限界をあらためて理解したうえで、本書の目指す「過剰に不安になる『状態』を避ける」ということについて考えてみます。

本書でこの作戦を提示したのは、**現代の多くの人が、過剰に不安になってしまう状態に陥る傾向がある**からです。

多くの人は、不安がりやという性格はつねに一定の強度である、と思っているのではないでしょうか。不安がりやさんはいつも不安だという発想です。ところが現実をよく観察してみると、人の感性はかなり振れるものなのです。状態によっても違うし、対象によっても違う。同じ不安でも強度は変わっているのです。

たとえば先ほどの1〜10の不安レベルでいうと、いつもはレベル5の不安なのに、ここ2週間はレベル8の強い不安を感じやすくなっているとか、いつもは4なのに、この仕事については7でやたら不安を感じる、などのようなものです。

私がカウンセリングの現場で遭遇《そうぐう》する不安がりやさんは、だいたいレベル7〜9の不安を感じている方で、ご本人は「生まれついての不安がりやです」と言います。

しかしよく話を聞いてみると、だいたいこの数ヵ月とかこの数年、不安のレベルが上がっている場合が多いのです。おそらく、**本来の不安はレベル5ぐらいだったのに、それが恒常的に7〜9の不安レベルに上がっている**のです。

あなた自身も、「私は生来の不安がりや」と思っているかもしれませんが、過去を振り返ってみてください。いつもいまと同じようにパニック状態だったでしょうか？　もっとおおらかに人と接していた時期はないでしょうか？　警戒心がなく、毎日をある程度穏やかに過ごせていたときはないでしょうか？

「そういえば、中学2～3年生のときはとても楽しかった」とか「入社してしばらくは不安だったが、その後は3年ほど仕事に集中できていた」などと調子がよかったときのことを思い出せる人は多いものです。

調子がよかったときのことは自分の中で「基準」になりにくいものですが、**少なくともいまの悪い状態がずっと続いていたわけではない**ことを理解してもらえれば十分です。

とても苦しいいまの状態は自分の性格的なもので、性格を変えない限り変わらないと感じているかもしれませんが、多くの場合、本来の性格以上に不安がり度が上がっていることが多いのです。

これを私は**不安のエスカレーション**（**不安ネズミの「成長」**）と呼んでいます。

このことは、じつはとても大切なことなのです。

本来の性格を変えることは難しいのですが、このエスカレーションを避けることはできるからです。少なくとも、性格を変えようとする課題よりはずっとうまくいく可能性があります。

## 不安が拡大していくプロセス（不安ネズミの成長）

この不安のエスカレーションはどのようなプロセスをたどるのでしょう。それぞれの段階を説明しましょう（図4）。

### 1 不安の芽が見つかる（普通のネズミ）

現代は情報量がとても多く、生活していると、何か不安の芽と呼ぶような情報に触れることが多々あります。

### 2 そのことを注視する（警戒ネズミ）

不安はリスクを見逃さないために、想定されるなんらかの危険視点で、自分の周囲や過去を探索しはじめます。どんな小さいことでも見逃さないように、ふだんよりシビアに評価し、さらに関連する情報を集めていきます。すると、その種の**危険情報がいつもよりたくさん意識される**ようになってきます。

図4　不安のエスカレーション（不安ネズミの成長）

1 **不安の芽が見つかる**
（普通のネズミ）

2 **不安を注視する**
（警戒ネズミ）

3 **不安が高まる**
（びくびく繊細ネズミ）

4 **不安で疲れる**
（ぐったりネズミ・情報おぼれネズミ）

5 **不安にすくみ、行動できなくなる**
（硬直ネズミ・攻撃ネズミ）

6 **自信を失い、さらに不安になる**
（闇堕ちネズミ）

7 **ヤケになり、突発的な行動をとる**
（パニックネズミ）

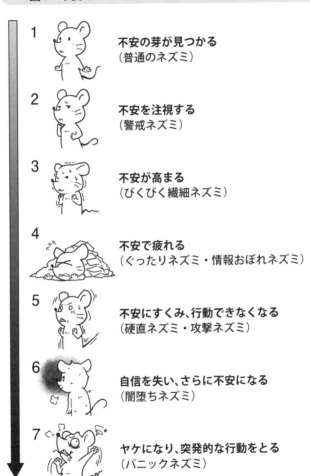

### ３ **不安が高まる**（**びくびく繊細ネズミ**）

この時点で、リスクではないという情報が入れば不安は低下しますが、たまたま危険と判断される情報が、強かったり頻発《ひんぱつ》したり、あるいは自分の状態が悪いときは、不安の強度が高まります。と同時に、注視する度合いもまたいっそう強くなります。

**そのつもりで見れば見るほどリスク情報が集まる**という**「不安のエスカレーション」**が始まります。「もしかしたら○○かな……」という感じが「絶対○○だ」という確信に近くなります。

現代社会では、ネット検索やお知らせ機能がこのエスカレーションを強烈に後押しします。

### ４ **不安で疲れる**（**ぐったりネズミ・情報おぼれネズミ**）

不安は、集めた情報から自分にリスクがおよぶ可能性をシミュレーションして、対策を考えてくれる感情ですが、このシミュレーションと対策立案のために、**ずっと考えごとをしている**（**いつもうっすら気になる**）**という状態**になってしまいます。夜も眠れず、それが続くとだんだん疲れてきます（ぐったりネズミ）。

普通は、疲れたらその行動をやめるものですが、命に危険を感じているので多少の疲れは無視して、不安の検索思考が続いてしまいます。疲れているのに情報から離れることができず、情報におぼれてしまうタイプを「おぼれネズミ」と呼んでいます。

その結果、不安のエスカレーションとともに、疲労も蓄積してきます。

## 5 不安にすくみ、行動できなくなる（硬直ネズミ・攻撃ネズミ）

不安は、何かの予防行動をとる感情ですが、疲れが進んでくると行動するより引きこもる（**不安の「すくむ」機能**）ようになってきます。懸案《けんあん》のことだけでなく、ほかのことにも「あれは大丈夫かな」「これはどうかな」と警戒心が広がっていきます。同時に、疲労でおっくうになるので、何も行動できなくてチャンスを逃《のが》したり、さまざまなことが後回しになって、やるべきことが積み上がってしまいます。

**日常的にいつも、何かにおびえ、警戒し、避けている**ような感じです。

このように、**不安なのに手も足も出なくなる状態**を「硬直ネズミ」と呼んでいます。

また、疲労が重なってくるとイライラが生じてきて、被害妄想《もうそう》的な不安から人の行動を悪意に取ってしまい、距離をとってしまうだけでなく、ときには過剰に反撃してしまい、**人間関係が壊れがち**になります。攻撃性が表面に出る場合を「攻撃ネズミ」と呼んでいます。

## 6 自信を失い、さらに不安になる（闇堕ちネズミ）

　不安のエスカレーションと疲労の蓄積が進むと、**日常の小さなことに傷つきやすくなってきます。**ちょっとしたこともネガティブにとらえ、悩み込んでしまいます。一方で、ほかの人はそれほど不安がりの生活をしていない、自分だけが過剰に不安がりであることを自覚すればするほど、**自分に自信がなくなります。**

　この状態になると、誰かに相談しても「考えすぎだ」と一笑されることも多く、そのたびに自己卑下《ひげ》し、他者と比べて小さな自分を感じます。また自分でも「もっとおおらかに考えたい」と思うのに、現実にはできない自分がいる。「そんな自分は周囲から否定されるかもしれない……」と、今度は疎外《そがい》される不安が大きくなってしまいます。

　つまり、**生きていくこと全般が不安**になり、暗黒の世界に閉じ込められてしまったような気分になります（闇堕《やみお》ちネズミ）。

## 7 ヤケになり、突発的な行動をとる（パニックネズミ）

　疲労が極限に近くなると、もうこの状態を維持できなくなり、それまではすくんでいた人も一か八かの行動に出ることがあります。突然、会社を辞めたり、離婚したり、結婚したり、暴力的になったり、自暴自棄《じぼうじき》的な行動（犯罪、ギャンブル、行方不明、自殺未遂など）をすることがあります。

## 不安の４つの王道対処法と落とし穴

この不安ネズミを成長させないためにはどうしたらいいのでしょうか。

不安という感情は私たちが普通に感じるものなので、私たちは生きていくなかで、必ずいくつかの対処法を身につけるものです。まずは王道ともいえる代表的な対処法を確認しておきましょう。

### 1 情報収集する

不安なとき、まず多くの人がおこなうのが情報収集です。これ以上のリスクがないかを確認するために、集められるだけの情報を集めようとします。自分だけでなくてほかの人の反応も参考にします。

このときに、「これ以上の危険の可能性がありはしないか」という不安バイアスのかかった視点で見るので、いつもなら見逃すような些《さ》細《さい》な情報もリスクとして見つかります。

そのような集中的な探索をしても、大きな危険情報がなければ、不安が低下し安心の状態に戻ることができます。つまり、この**情報収集によって不安を抑えることができる**のです。

このように隠れていたリスクを見つけ出して、準備したり、リスクのないことを示す情報を得て、安心していくことが不安の本質なのです。

この視点からいうと、情報収集能力が高い人のほうが不安をうまく活用できるといえるでしょう。現代社会でインターネットなどの情報を駆使しながらリスク検索がきちんとできる人は、命の危険を回避できるし、不安を解消できる情報にもいち早くたどり着ける可能性も大きいのです。

一方で、**情報収集能力の高さは、不安の芽を見つける確率が高い**ともいえます。つまり不安ネズミが育つ可能性は高いのです。逆に情報にうとい人は、不安を感じるスタートが遅れがちになります。昔から「知らぬが仏」ともいいますよね。

## 2 問題解決する

情報収集の結果明らかになった問題を、よく分析して前向きに解決したり、リスクの拡大を予防するべく準備を進めていく方法です。これは非常に現実的な対応であり、本来不安が持っている機能どおりの行動であるといえるでしょう。

現代人は問題解決能力を学生時代から鍛えているので、不安に対しても原因の「問題」を解決しようとする方法をとる人は多いものです。問題が解決されれば不安はなくなるし、解決できない問題や将来の課題であっても、それに対する準備がある程度進めば、不安は小さくなります。

ですから、一般的には問題解決能力がある人や分析能力がある人が、不安に対してもうまく対処できる部分があります。

ところが、必ずしもこの方法が万能ではないのです。

実際、不安で悩む人の中には、優秀な会社員、学者、医師、研究者などがたくさんいます。むしろそのような**問題解決力の高い人のほうが大きな不安を抱える**傾向があるようです。

なぜかというと、**私たちのまわりには自分が対応できない問題がたくさんあるから**です。たとえば恋愛の不安であれば、こちらがいくら努力しても相手の気持ちを変えることはできません。試験だって就職だって、こっちが準備することはできるのですが、だからといって必ず成功が保証されるわけではないので、不安を完全に払拭《ふっしょく》することはできないのです。

さらにもう1つ、大きい要素があります。

それは準備するのに当然ながら、かなりのエネルギーが必要になるということです。**エネルギーを使って準備するということは、疲れるということ**です。逆に疲れているときにはそういうエネルギーを産出できないので、ただ不安に甘んじるだけになってしまいます。

**頭がよく、将来のリスクを読めれば読めるほど、対応すべき事態が多くなってきて、それで疲れてしまう**という側面があるのです。

## 3 自己改革する

ある程度人生経験を積んでくると、誰でも、人は不安のエスカレーションを起こしやすいということに気がつくようになってきます。そして不安は必ずしも客観的な事象をそのまま反映しているのではなく、考え方や感じ方の影響を受ける、ということも自分や他者を観察してしだいに理解するようになってきます。

そうなると不安が生じたときに、考え方を変えてみようとかとらえ方を変えてみよう、視点を変えてみよう、といういわゆる自己改革の努力をして、成長して不安を乗り越えようとする対処法をとるようになるのです。

この方法は、理性を使ったちょっとハイレベルな対処ですし、かなりうまくいくことも多いので、自分は不安を克服した、ほとんどの不安に対処できると自信を持つ方も多いものです。

ただ、そういう方も、中年期以降に**「疲労が重なったときの不安」に遭遇し、自己改革では何ともならない状況に、逆にうろたえてしまう**ことがあります。

## 4 忘れてしまう

不安のエスカレーションに何度かさらされた後、「現実のリスクはそれほど大きくなかった」という反省や、「どうして自分はあんなに過剰に不安になったのか」という反省をすると、「必要以上に情報を得なければいいのだ」とか、「必要以上に不安なことを考えるのをやめればいい」ということに気がつくようになります。

実際、「考えない、無視する、我慢《がまん》する、自分に言い聞かせる」などで対応すると、当面の不安をやり過ごすことができるようになるのです。

この方法は自己改革の１つと見ることもできますが、かなり使いやすく有効で多くの人が用いていることから、ここでは独立した対処法として紹介します。

無視したり、我慢したりするのは、どうも平静を装おうとする日本人には合っているようです。また、自分に対しても無視しているので、自分は動揺していないと思い込むことにもつながり、自信低下も予防できます。

ところが、この対処法は、**リスクの先送りの危険性をはらむ**のです。先に不安がりやさんは楽観主義になりきれないという話をしましたが、この「忘れてしまう」という対処が、「忘れていても、心のどこかでひそかに恐れている」という状態をつくってしまう。つまり、**意識できないうっすらとした不安を強めてしまう**原因となっている場合が多いのです。

## 不安の本質はリスク回避

この4つの対処法は理性や論理的思考に基づくもので、正攻法ともいえます。でも、じつは次章で説明するように、不安がりやさんにはうまくいかないことが多いのです。

というのも、不安の本質について理解しないまま、不安をなんとかしたくてこの正攻法にしがみついてしまうと、逆に不安から抜け出せない状態に陥りやすいからです。

まずは不安の基礎知識を把握しておきたいものです。これから対応するべき対象、つまり〝敵〟の情報を知ることはとても重要です。不安とはどういうものか、という不安の本質と特徴、そして不安には疲労が関係することを理解しておくとよいでしょう。

不安とは大きな体や牙《きば》、爪《つめ》、分厚い毛皮などを持たない「ヒト」が、**将来を予測して危険を回避しようとするために身につけた予知能力**みたいなものです。

何か危険なことや兆候《ちょうこう》があったときに、その危険に関係しそうな情報を選択的、集中的に集めて、過去の経験などの情報も交えて、将来の危険性をシミュレーションします。

この不安は、自分が弱ったときや孤立しているとき、あるいは狙われやすい夜などの条件のときに強く発動します。不安があるおかげで、私たちは飢《う》えや病気に対処できるし、自分に危害を及ぼす人からも距離をとることができるし、将来的に自分がなりたい方向に努力しつづけることもできるのです。不安があるから、私たちは生きていけるのです。

こうして見てみると、不安はとても優れた機能（アプリ）であることがわかります。

では、みなさんに不安は好きかと聞くと、決して不安が好きな人はいないでしょう。不安が嫌われるのは**「不安には苦痛がつきもの」**だからです。

不安は、なんらかの行動を私たちにとらせようと、体に切迫感や緊張感をもたらし、同時に「このままでは大変なことになるというイメージ」を見せ、不快にさせます。ただ、この不快は、それを解消しようとして私たちが、来《きた》るべきリスクへの対応をとるエネルギー源（モチベーション）となっているので、生きるために重要な不快（苦しさ）でもあるのです。

## なぜ過剰に発動してしまうのか

さて、この不安ですが、じつは**現代人にとってはやや過剰に発動しがち**なのです。

原始人の時代に比べて現代は、社会や文明が発達したおかげで、安全で、清潔で、かなりの確率で先を読むことができ、リスクに対応できる時代です。本来は不安を働かせる必要は少なくなっているのです。

ところが、ヒトの歴史の中で、いわゆる原始人の生活をしていた時代があまりにも長すぎて、私たちの感情という機能は、いまのほんのわずかな文明社会にまだ対応し切っていないのです。

人類の歴史は20万年とも言われています。農業や稲作などによって飢えから解放されはじめた弥生時代が約２３００年前、街に電灯がともり夜の生活が充実しはじめたのは、約１５０年前の明治時代。多くの日本人が食事に困らず、ダイエットが関心を集めるようになったのは、約50年前の昭和時代後期。パソコンが普及し一般人がインターネットを使えるようになったのは、約30年前の１９９５年頃。

図5　不安はリスクより過剰に発動しがち

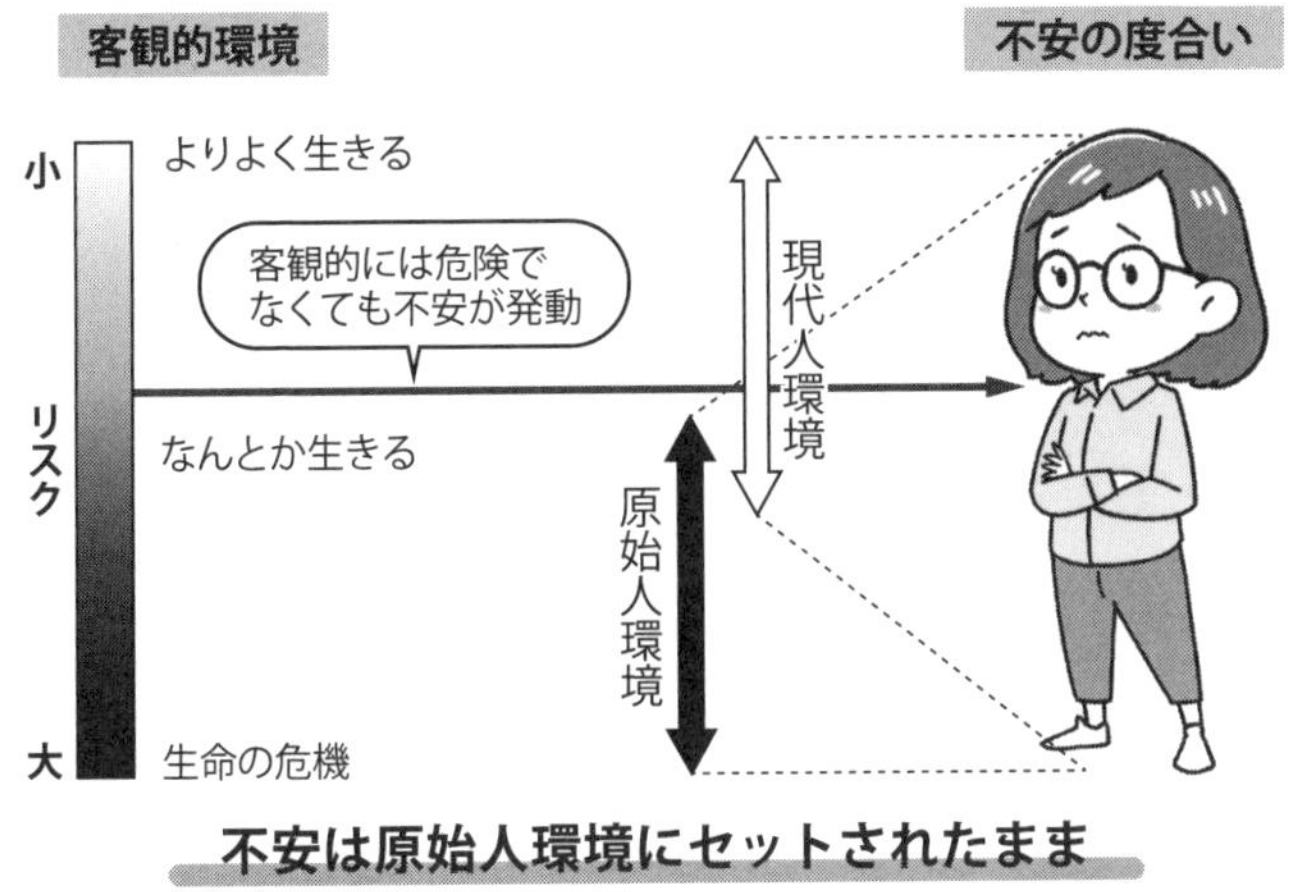


夜も電気で活動できるようになった期間を考えると、それは人類が生まれてから０・０００７５％の時間、人類の歴史を１年にたとえると、12月31日の夕方以降なのです。

もちろん、いまでも戦争や犯罪などの暴力があり、飢えがあり、大災害で家を失うなどのリスクはあります。だから**不安は依然として、暗闇で過ごし猛獣におびえるレベルで生き残れるようにセットされている**のです（**図５**）。

こうして、普通の生活を送れている一般的な現代人にとって、不安の感情は、ちょっとしたことで発動し、しかも、殺人や飢《き》餓《が》のレベルを想定した反応をしてしまいます。さらに、そのたびに苦痛を伴うので、私たちは不安との付き合い方に悩むのです。

## 不安と疲労は相互拡大する関係

不安はいろいろな情報を集め、分析し、集中的にシミュレーションするので、大変エネルギーを使う感情です。平たくいうと、**不安だと疲れてしまいます**。

では、その「疲れる」とはどういうことでしょう。

疲労は、私たちがなんらかの活動をしたときに、その活動によって大切なエネルギーが消耗し尽くさないように警戒してくれる機能です。車の燃料切れ警告のようなものだとイメージしてください。

災害のときに給水制限があったり、電力がピンチのときに電力使用の制限があるように、**人のエネルギーが枯渇《こかつ》しそうなとき**も、体はエネルギー供給に制限をかけてきます。**「だるくなり、眠くなり、力が出なくなる、動けなくなる」**のは、この制限がかかった状態ですが、これらの状態を私たちは「疲れた」といいます。

体が動かなくなったり、疲れを感じたりする以外にも、心からもブレーキがかかります。**興味がなくなったり、気力がなくなったり、根気がなくなったりします**。

図６　不安と疲労の関係

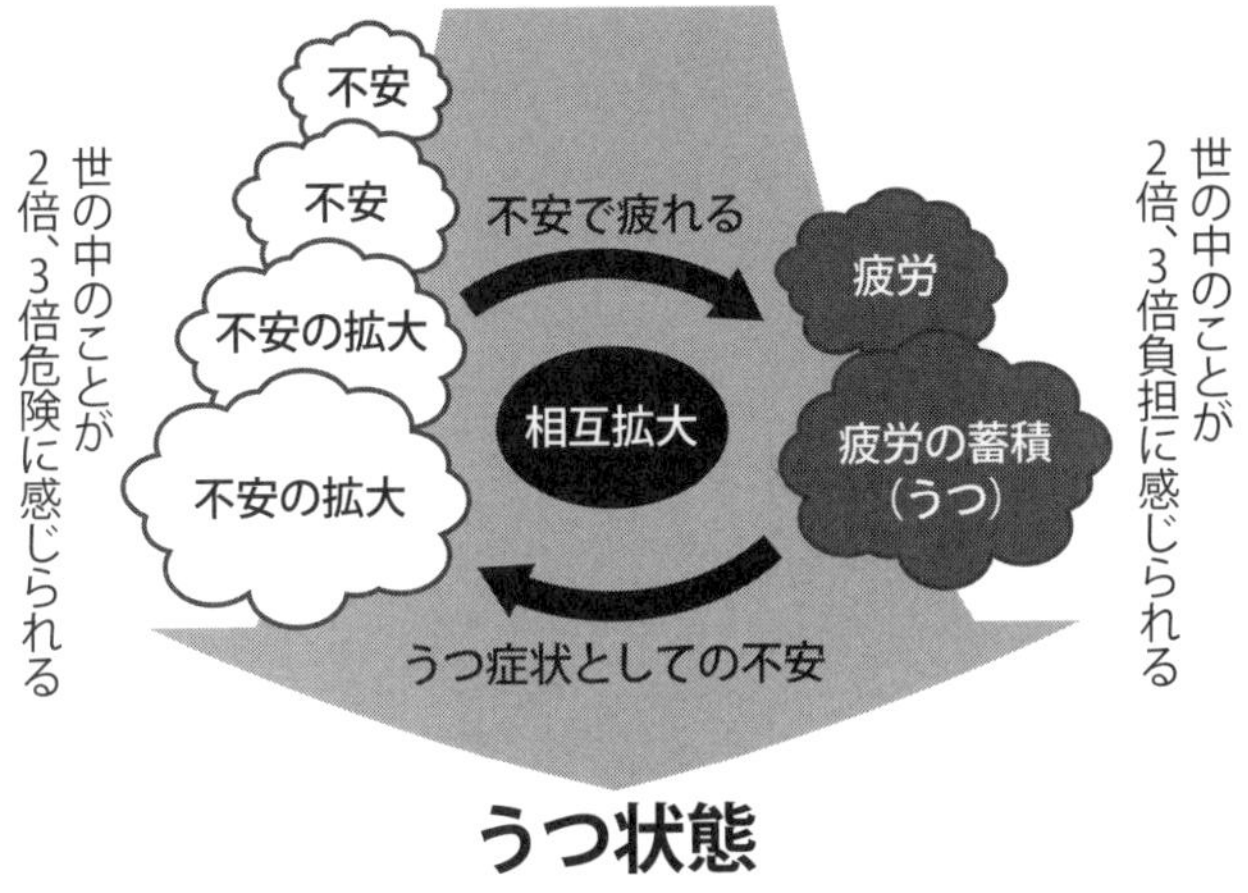


一方で、疲労すると活発になる感情もあります。それが不安です（図６）。

疲労がたまると動物として非常に危険な状態になるので、**自分の身を守ろうとして不安が強く立ち上がる**ようになるのです。

ただ、不安自体がかなりエネルギーを消耗する高級なアプリであるため、不安によってさらにエネルギーが消耗するという状態になります。

そうして**不安と疲労が相互に拡大していくと、体調も崩れ、不安以外に自責や無力感も強くなる「うつ状態」**になってしまいます。

引きこもって、安全を確保したうえで、休息が進めば、この状態が改善されていきます。

**まとめ**

・不安はエスカレートしていく。不安をゼロにすることはできないが、エスカレーションを止めることはわりと簡単

・不安はリスク回避の機能だが、原始人と同レベルで発動するため、現代人は実際のリスクよりも過剰に不安を感じがち

・人はエネルギー不足になると心身が疲労する。疲労と不安は相互拡大していく関係

# 第2章

# 疲労と情報が不安を強くする

## 明日のプレゼンが死ぬほど不安

現代人は、客観的にみると、小さなこと、たとえば明日のプレゼンに対しても原始人的な命がけの不安が生じてしまいます。

「どうしよう、うまくいくかな」「失敗して笑われたらどうしよう」「できないやつと思われたら恥ずかしい」「失敗したら怖くて会社に行けない」「きっと失敗するに違いない」「逃げ出したい、でも無理」「死にたい……」

いわゆる過剰に不安になっている状態です。

この不安の過剰発動に際し、先に紹介した4つの王道対処法（情報収集、問題解決、自己改革、忘れてしまう）を試みて不安の低下をはかります。

たとえば、多くの人が、直前まで情報を集めたり、眠らずに準備したり、必死で不安なことを考えないようにしたり、何かほかのことに集中して一時的に忘れたり、楽しいことをして気をそらしたり、アルコールなどを使って忘れようとします。また、考え方を変えて対処してきた人もいるはずです。

これらの方法で、かなりの不安に対応はできます。これらを駆使して、これまでも何度も不安を乗り越えてきたことでしょう。

ところが本書を手に取った方々は、この4つの対処法だけではなかなか不安がおさまらないところに来ているのではないでしょうか。

どうしてこれまでの対処がうまくいかないのか。

それはすでに**不安のレベルがかなり高くなっている**からなのです。

## 不安の3段階、あなたはどこにいる？

不安は、自分の身を守る、つまり命を守るために、必要なレベルの警戒《けいかい》をしているのです。私は元自衛官ですが、自衛隊は敵の侵略の危険性に応じて、

- 危険性が低い場合は、指揮系統と情報系統だけがスタンバイ
- 危険性が中程度の場合は、一定の部隊だけがスタンバイ
- 危険性が高い場合は、すべての自衛隊がすぐに出動できる体制

という具合に、いくつかの対応レベルがあります。

**不安にもこの3段階ぐらいのレベルがある**と考えてください。

## ■不安の第1段階――通常警戒レベル

たとえば誰かに嫌なことを言われたら、まずは**第1段階の警戒レベル**。ちょっといろいろ考え、その人を観察したり、その人について情報を集めるでしょう。

## ■不安の第2段階――不安が頭から離れず夜も眠れない

そうこうしているなかで、また同じ人に嫌なことを言われたり、その人の何かよからぬ噂《うわさ》などを聞いたら、**警戒レベルは第2段階に**上がってきます。

こうなると相手のことをいつも考えて、「相手がこういうことをしたらどうしよう」「それを防ぐにはこうしよう」などの防御策《ぼうぎょさく》まで考えてしまいます。夜も眠れなくなる状態になることもあるでしょう。

## ■不安の第3段階――ネガティブ思考がどんどん拡大

さらに相手の不穏な動きがあったり、追加の危険情報が入ると、**いよいよ第3段階の最大警戒レベル**になり、笑顔が消え、目も鋭くなり、呼吸も浅くなります。自分のイメージの中で相手を非常に邪悪に感じたり、相手の過去の言動までさかのぼってその悪意・敵意の可能性などを見つけたり、「もしかしたら周囲の人も相手に加担するかもしれない……」

図7　不安の３段階

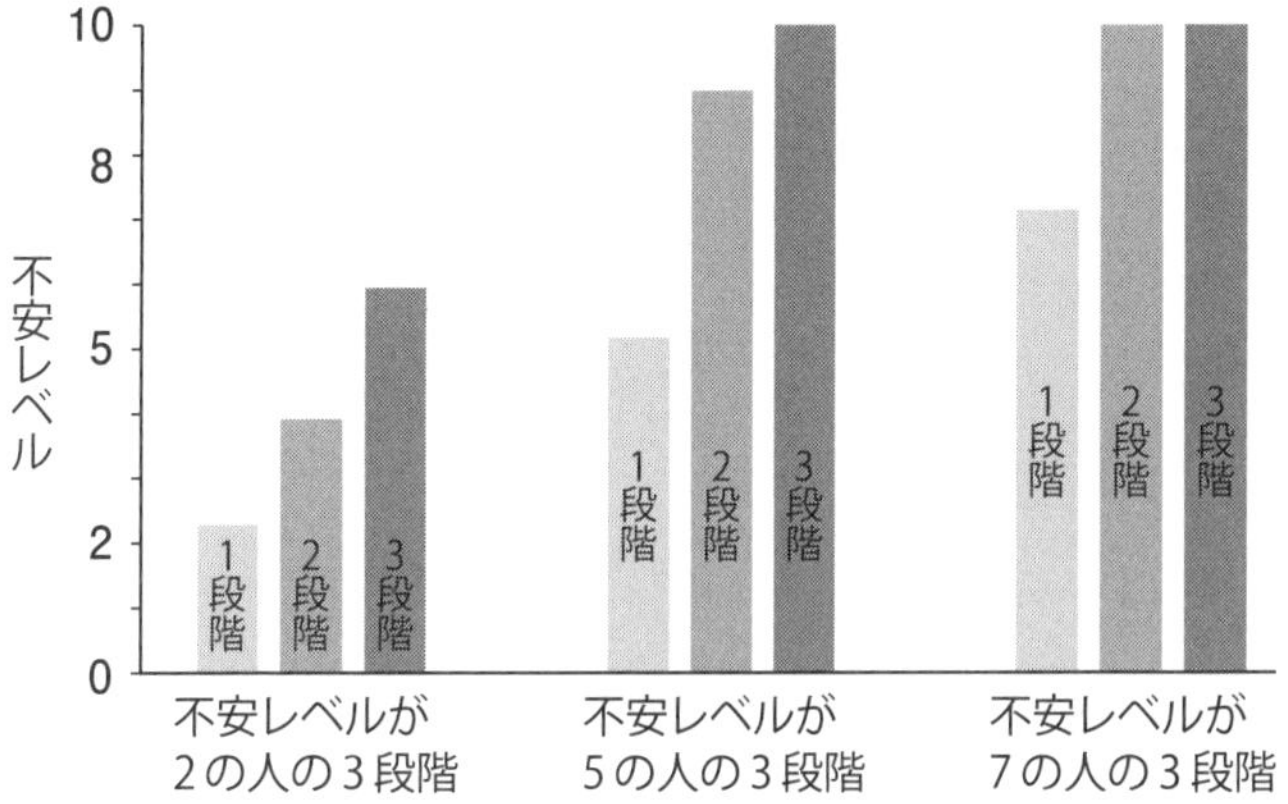


不安がりの人ほど不安が過剰になりやすい

図8　適正不安と過剰不安

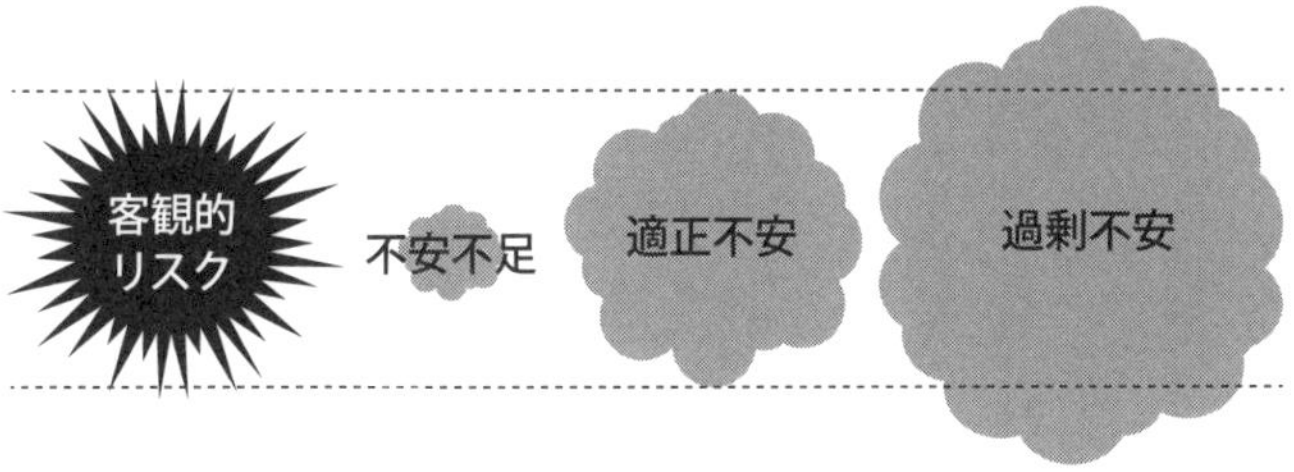

などとネガティブな思考が拡大してしまうようになります。

こうなると、もう現実に対応しているのではなく、自分の中のイメージに対して対策をしようとしている状態です。

たとえば、相手にそのような意思があるかないかにかかわらず、相手との距離をとったり、相手を攻撃したりしてしまうこともあるのです。

私たちはみんな、この不安の3段階のどこかにいます（**図7**）。そして、不安のレベルはつねに変化しているのです。

小さな危険情報が積み重なって第2段階、第3段階に上がっていく場合や、**いきなり強烈な危険刺激が入って一気に第3段階になる場合も**あります。

たとえばストーカーに狙《ねら》われた、災害に遭《あ》った、交通事故に遭ったなどの際は、誰でも一気に第3段階に達してしまいます。というより、この場合は「達するべき」なのです。

このように、客観的な危険度と生じた不安のレベルが相当である場合は**「適正不安」**と呼んでいます（**図8**）。一方、危険度に応じない過剰なレベルの不安を**「過剰不安」**と呼んでいますが、**現代人はこの過剰不安に陥《おちい》りやすい**のです。

ここで紹介した不安の3段階でいえば、多くの現代人の日常的な不安の場合、不安の第1段階が適正不安。不安の第2～第3段階は、いずれも過剰不安の状態です。

## 不安とリンクする疲労の3段階

不安には3段階あるという説明をしました。じつは**疲労も同じように3段階**で考えられるのです（**図9**）。

### ■疲労の第1段階――通常疲労レベル

第1段階は通常の疲労、疲れても一晩寝れば回復するレベルの疲労です。このときの不安は軽いものです。

### ■疲労の第2段階――疲労が蓄積され不安が2倍に

なんらかの理由で疲労がたまってくると、第2段階の疲労になってきます。これは蓄積された疲労であって、数日休んでもなかなか抜けないものです。エネルギー不足のため何事もおっくう、面倒くさいと感じる日々が続きます。

この第2段階の状態では、いろいろなことが2倍モードになります。同じことをやっても、いつもよりも2倍疲れを感じるようになってきます。疲労がとれるのにも2倍の時間

図9　不安とリンクする疲労の３段階

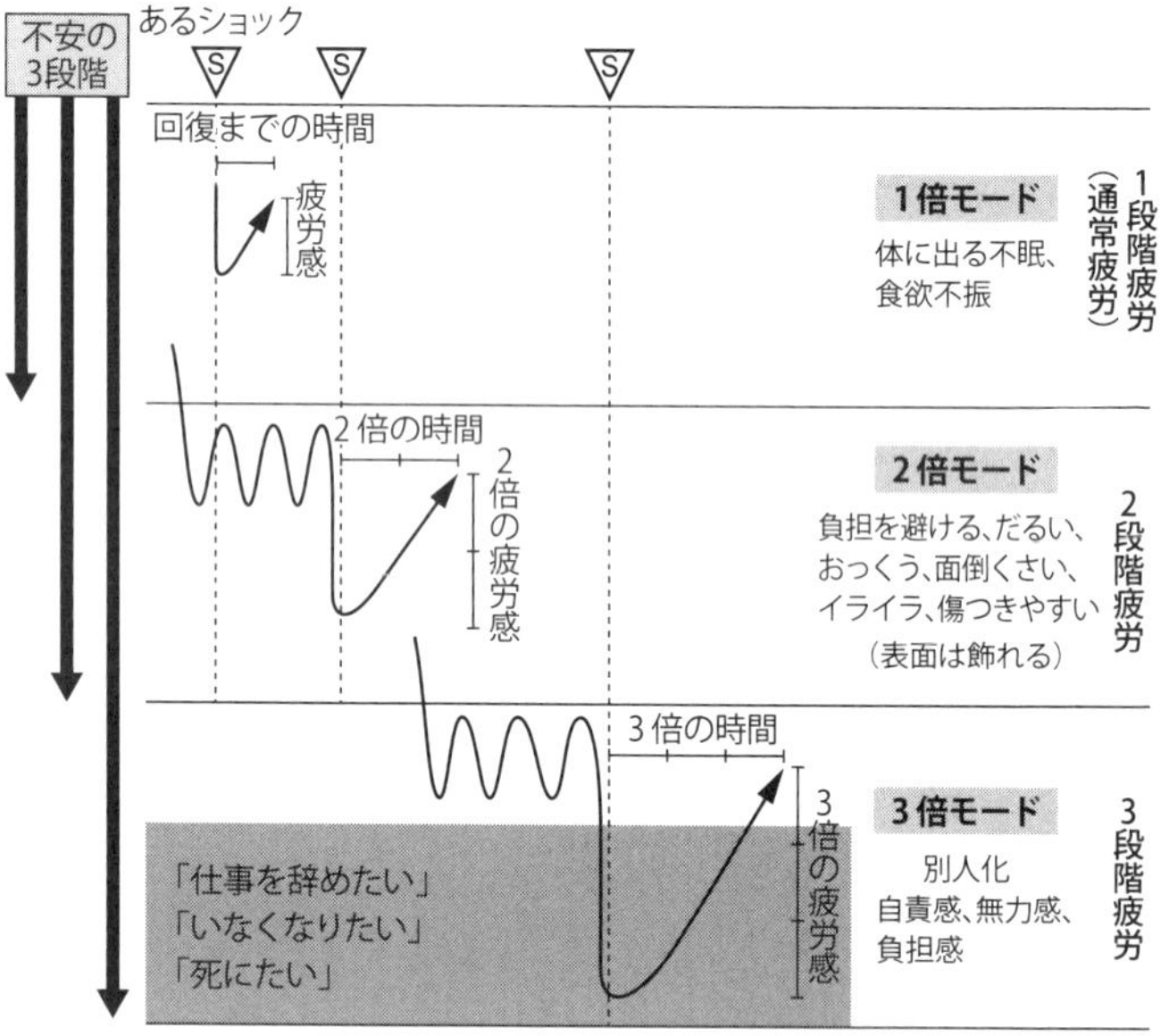


がかかります。また、外部からの刺激に対しても2倍過敏に反応するようになってくるのです。ということは、**同じ刺激に対しても不安も2倍になる**と思ってください。

　つまり、いつもよりも不安が強い状態（不安の第2段階に達している状態）には、次の2種類があるのです。

・強い刺激や刺激の連続によって2倍の不安を感じている
・不安な出来事はいつもと変わらないのに、疲労が蓄積したために2倍の不安を感

じている

## ■疲労の第３段階――疲労も不安も３倍モード

第３段階の疲労はいわゆる累積疲労で、３倍モードの状態です。**疲れやすさが３倍になるだけでなく、不安も３倍に**なってきます。第３段階の疲労では、自責感、無力感が強くなり、仕事を辞めたい、逃げ出したいという思いにとらわれてしまうこともあります。この状態が続くと、うつ病や希死念慮《きしねんりょ》（いなくなりたい、死にたいなど）が生じてきます。

## 不安情報と疲れすぎでうつっぽくなる

現代人がどのように過剰不安になっていくか、典型的な２つのパターンを紹介しましょう。

実際の危険度はそれほど高くないのに過剰に不安になってしまう１つめの例は、**不安情報を集めすぎてしまう場合**です。

現代社会では情報量が多すぎて、不安の芽が出て、そこに注目する段階で、どうしても不安要素に関係する情報に引っかかりすぎてしまう傾向があります。

ある方はコロナが不安だと感じたその日に、一晩かけてコロナの危険性を検索し、それを訴える学者の動画を見続けました。その結果、次の日からコロナが怖くて外に出られなくなってしまった。それだけでなく、コロナのことばかり考えつづけて、うつっぽくなってしまったのです。

**うつっぽくなった＝疲労困憊《こんぱい》した状態になった**と考えていただくとよいと思います。単なる疲労ではなく、思考にも影響しているときにうつっぽいと表現していると思ってください。

疲労困憊してくると、原始人的にはさまざまな危険に対処できない状態になってきます。猛獣に襲われたら、元気なときだったら逃げられても、疲労困憊していたら命を失うかもしれません。そこで自分の命を守ろうとする不安の感情は、疲労が深まると同時に強くなってくるのです。疲労は不安だけでなく、自信の低下や自責の念も強くしてしまいます。

ですから、過剰不安の1つめのルートは、

**不安の芽↓不安情報の集めすぎ↓不安による疲労の蓄積↓うつの不安もかぶさる過剰不安**のパターンです。

もう1つのパターンは、初めから疲労がある場合です。

現代人は、情報過多によって感情が刺激されっぱなしで、日常生活を送っているだけで消耗しやすいのです。また、文明の発達によって24時間活動をしたり、長距離を短時間で移動したりしています。これは原始人にとってはありえないような活動です。

加えて、現代人の環境は変化しやすい。環境が変わると私たちは、その環境に合わせるためにかなりエネルギーを使ってしまうのです。入学や卒業、結婚・出産や昇進・転勤などのライフイベントは大変エネルギーを消耗するので、入学うつ、出産うつ、昇進うつなど、それぞれに「○○うつ」という言葉が生まれているほどです。

コロナ禍《か》の環境変化には、多くの人が「大変だな、疲れるな」と実感したはずです。

このように、特に意識されるような明確な不安事態がなくても、**私たちがエネルギーを消耗してうつ状態になっていけば、疲労のほうから不安スイッチが入ってしまう**のです。

ですから、過剰不安の２つめのルートは、次のパターンです。

**肉体的・精神的・環境変化的な疲労→エネルギー消耗によるうつ状態→過剰不安**

この場合、本人もなぜ自分がこんなに不安なのかわからないことが多く、「漠然《ばくぜん》とした不安」と表現する人が多いようです。

ただ、多くの人は漠然としたままで放っておけなくて、自分が不安である理由を探して、落ち着こうとします。しかし、それは周囲から見たら、まさにたいしたことがない問題なので、過剰不安そのものの状態になってしまいます。

## 過剰不安は蓄積疲労が抜けるまで続く

過剰不安は不安に伴う苦しみが多い、ということだけが問題ではありません。

不安の強度が高くても、いわゆる適正不安の場合、災害や交通事故などの明確なイベントごとは時間の経過とともにその影響がなくなっていくのが明らかなので、不安も低下していきます。

ところが、過剰不安には蓄積した疲労が関わっているため、とてもやっかいです。疲労自体が抜けるのにはかなり長期の時間がかかります。そのことを多くの人は、あまり認識していないのですが、**蓄積した疲労が抜けるのには骨折が治るのと同じぐらい時間がかかるものなのです**。つまり数ヵ月から半年、長い場合は1年ぐらいは抜けないものなのです。

逆にいうと、**その間は、高い不安のレベル、つまり過剰不安が続いてしまいます**。

どうして私だけ小さなことにこんなに過敏になってしまうのだろう……と感じるときは、性格の問題と考える前に、この蓄積された疲労によって不安レベルが高まっている状態かも……と考えてほしいのです。

## 不安がりやさんには理性の対処法は逆効果

さて、不安のレベルが高くなっている状態、それも一時的でなく、恒常的に不安の第2~第3段階にいる状態になると、これまで有効だった4つの不安の対処法――「情報収集・問題解決・自己改革・忘れる」が破綻《はたん》して、むしろ逆効果になってしまいます。それぞれの対処法ごとに見ていきましょう。

### 1 情報を集めるほど不安になる――情報収集法の破綻

ここまでの説明でおわかりだと思いますが、不安の第2~第3段階になってくると、すでに不安バイアスが強くなっているので、情報を集めれば集めるほどネガティブな情報量が多くなってしまいます。

また、それを冷静に判断するというよりも、危険の可能性を補足する方向でしか考えられなくなってくるので、**情報を集めれば集めるほど不安になるというサイクルが始まってしまう**のです。

それなら情報収集をやめればいいではないか、と思うかもしれませんが、ことはそう単純ではありません。不安の第1段階ならそれもできるのですが、**第2〜第3段階になってくると、本当に身の危険を感じているので、「情報を取らない」ということができなくなるのです。**

「自分が誰かから攻撃されているのではないか」と不安になってネットで自分を検索してしまうことをエゴサーチといいますが、エゴサーチすると、たいがい不安が募《つの》ります。

それならエゴサーチをやめればいいと、周囲の人も簡単にアドバイスをするでしょう。

しかし、第2〜第3段階の本人は、頭では理解できていても、本能が情報を求めるのです。殺し屋がいて、その動向を知らないと本当にやられてしまうかもしれません。そのぐらいのせっぱ詰まった感覚なので、情報収集をやめられないのです。

## 2 自己決定のプレッシャーにやられる——論理的問題解決法の破綻

不安の第2〜第3段階になってくると、論理的に問題を解決するという方法論もうまくいかなくなります。

第1段階なら論理的に考えて方法論を思いつけば、だいぶ不安もおさまっていくものです。ところが**第2〜第3段階になってくると、論理だけでは不安がおさまるような答えを導き出せなくなってしまう**のです。

たとえば、私たちが何か葛藤《かっとう》がある問題に対して悩んでいるとき、頭では「こうするべき。こうするしかない」と理解できても、**心で理解できない、つまりなかなか納得できないという状態になるときがあります。**

あれと同じで、頭で「こうだろう」と考えられても、心が本当にそう思えないのです。

また、不安の第2〜第3段階、かつ疲労の第2〜第3段階である場合、周囲が論理的なアドバイスをしても、本人は、なかなかそれを実行しないばかりか、逆にアドバイスされたことでパニックになってしまうことがあります。

周囲の人は、問題解決すれば悩みがなくなると思って、悩んでいる人の状況を改善させるための解決策を必死に考えて提案します。しかし、疲労と不安の第2〜第3段階になってしまっている人には、論理的に正しいかどうかより、**さまざまな提案を検討して自己責任で決定しなければならない、その不安（プレッシャー）と負担感のほうを重く感じてしまう**のです。

ほかの人にとっては、単なる選択問題かもしれませんが、本人にとっては、生きるか死ぬかの選択を迫られているレベルなのです。

周囲は助けようとしていても本人にとっては、とても重大なこと（原始人感覚では生死にかかわる決断）を迫られ、疲れ果てているのに、分析、決定、行動という負担の大きいことをやるよう要求されているようなものです。

周囲はメリットとデメリットを明確に分析してくれるかもしれませんが、不安が2倍、3倍になっている人は、どの案もデメリットが2倍、3倍に感じ、どの案でもカタストロフィー（破滅的な結末）が起こるとしか思えない状態なのです。

しかもその状態で、自己責任での選択を迫られる。これは非常に困惑してしまう状況なのです。

**結局どれも選びにくいから何も行動できないし、行動しなければ状況は変わらず、それに苦しみます。**アドバイスされた人から、「自分で決定し行動しないから、つらい状態が改善しない。それは君の責任だ」というふうに**自分の無能さを責められるのではないか、とさらに不安に**なります。

こうなると、もういまの苦痛や選択から一気に解放されたくて、死にたい気持ちが生じることさえあります。

これが昔から**「うつ状態の人にアドバイスは禁物だ」と言われているメカニズム**なのです。

従来頭がよく、行動力もあり、問題解決に自信を持つ人ほど、この状態に陥った自分が情けなく、ショックを受け、闇堕ちネズミ（46ページ）になりがちです。

## ３ 自責と自信喪失でうつっぽくなる――自己改革法の破綻

私たちは悩んだときに、問題を冷静に解決するだけでなく、自分の考え方や感じ方、行動のパターンなどを反省し、より悩みの少ない、適合的な対応スタイルを身につけようとします。いわば成長しようとするのです。

これは小さい頃から、よいこととして教えこまれ、訓練してきたことです。

たしかに不安の第1段階のときには、トラブルに対して反省し成長するというスタイルが非常に効果的であり、自信もつき、のちのストレス対処にもよい影響を及ぼします。

ところがこの自己改革系も、不安の第2～第3段階になるとうまくいかなくなるのです。先に説明したように、第2～第3段階は現代人の場合、蓄積された疲労と重なっていることが多いのです。

**疲労してくると、それ以上の活動を控えさせるように、不安が強くなります。また、自信と不安は表裏《ひょうり》一体なので、自信も弱くなります。それに合わせて、自分を責める思考が強くなります。**いわゆるうつっぽくなるのですが、これは引きこもれば危険を回避できるからですし、自分を責めるのも、自分にできることをしっかり分析・準備してから危険な外界に戻ろうとするための優秀な機能なのです。

しかし、この状態で自己改革を試みると、自分の思考や感じ方、行動の悪いところばかりが、やたら目立つようになってきます。

悪いところが数個なら、それを真正面からとらえて、どういうふうに改善していくかという気力も湧《わ》きますが、自分の悪いところが20個も30個も出てきたらどうでしょう。改善の気力が湧かなくなるだけでなく、「自分は本当にこの世界に対応できないのではないか」とか「自分は周囲の人のお荷物だ」という自己否定の発想に近づいてしまうのです。

特にこの自己否定的な視点が、行動ではなく自分の思考や感じ方に向いた場合、自己批判（ダメ出し）のポイントが数点から一気に、数十点、数百点に増えてしまいます。

「あ、私はいま疲れたと感じている」
「あ、私はいまあの人が嫌だと感じている」
「あ、私はいまこのことを先送りしようとしている」
「あ、私はいま自分に甘えている」……

これらはすべて一瞬の思考や感じ方ですが、このように、そもそも第2～第3段階でネガティブになっている思考をいちいち見つけては落ち込む材料にしてしまうと、**あっとい**

**う間にいっそうの自信低下（絶望）に流れてしまいがち**なのです。

私は**「不安と疲労の第2～第3段階の人は、自己啓発関連の本やサイトを見ないように」**と指導しています。その自己啓発のスキルをほかの人が難なくこなして成長しているのを見たりすると、さらに自信を失うことになるからです。

## 4 引きずりすぎて疲労困憊――忘れてしまう法の破綻

先に、忘れてしまう対処はかなり有効な手段だということを説明しました。忘れているうちに不安の拡大を予防することもできるし、それによってエネルギーの消耗を避けることもできます。また、現実には原始人のときのような危険性がないので、忘れているうちに事態が収束することが多いのです。

ところがこの効果は、不安が第１段階にあるとき限定と考えてほしいのです。**不安が第2～第3段階になると、忘れてしまう対処をしても、意識から完全にその事象を消すことができなくなります。**

見ないようにしていても、いつも意識の片隅《かたすみ》で「あのことはどうなったんだろう……」というように**かえって注目してしまう**のです。何か引っかかる、引きずる、気にかかる、頭の片隅から離れない……などと表現される状態です。

これは不安という感情が、「少しの危険をそんなに簡単にスルーしてはいけない」と判断しているからです。**「忘れたほうがいい」という理性の指令と、「忘れてはいけない」という感情の指令が競合している状態**です。

このように感情と理性が競合する場合、第1段階なら理性が勝つことが多いのですが、第2段階になると理性と感情が五分五分、第3段階になると圧倒的に感情の指令のほうが強くなるのです。

ところが現代人はどうしても理性で全体を把握《はあく》しようとするので、「何も不安になる要素はないはずなのに、どうして自分はこんなにそのことが気になり、忘れられないんだろう」と感じます。

そして、これまで以上に**必死に頑張って見ないようにする、感じないようにするのですが、これはじつはかなりエネルギーを使うこと**なのです。

もともとエネルギーを使わないように、忘れてしまう対策を取ったのに、結局第2～第3段階では忘れるためにエネルギーを使ってしまうというパラドックスが生じてしまいます。

さらにこんなに努力しているのに、結局不安なことばかり考えてしまっている「自分自身に対する不安」が生じてきます。不安と自信は表裏一体の関係なので、別の言い方をすれば**自分自身に自信が持てなくなる**のです。

## 不安がりやさんが持っている「４つの思考の偏り（信念）」

不安がりやさんは、**他人は自分を攻撃する、世の中は搾取《さくしゅ》的、未来は危険がいっぱいだ**と思っているし、**自分はダメだ**と思っている傾向があります。私はこれを、不安の「**４つの思考の偏り（信念）**」と呼んでいます。この偏りは理性で簡単に修正できるものではなく、いわゆる信念のように強固なものです。

**そういう世界にいるからこそ、不安をより強く発動して自分を守ろうとしている**のです。

一方、不安がりやでない人の場合は逆で、世の中や他人はそれほど攻撃的ではない、未来の危険はそれほど強くないと感じており、自分はなんとか対応できると感じているものです。

不安がりやさんは、ほかの人よりも不安を感じやすく消耗しやすい日常を送っているので、それをなんとかしようと努力します。「情報収集、問題解決、自己改革、忘れる」の

### 図10　不安の闇堕ちサイクル

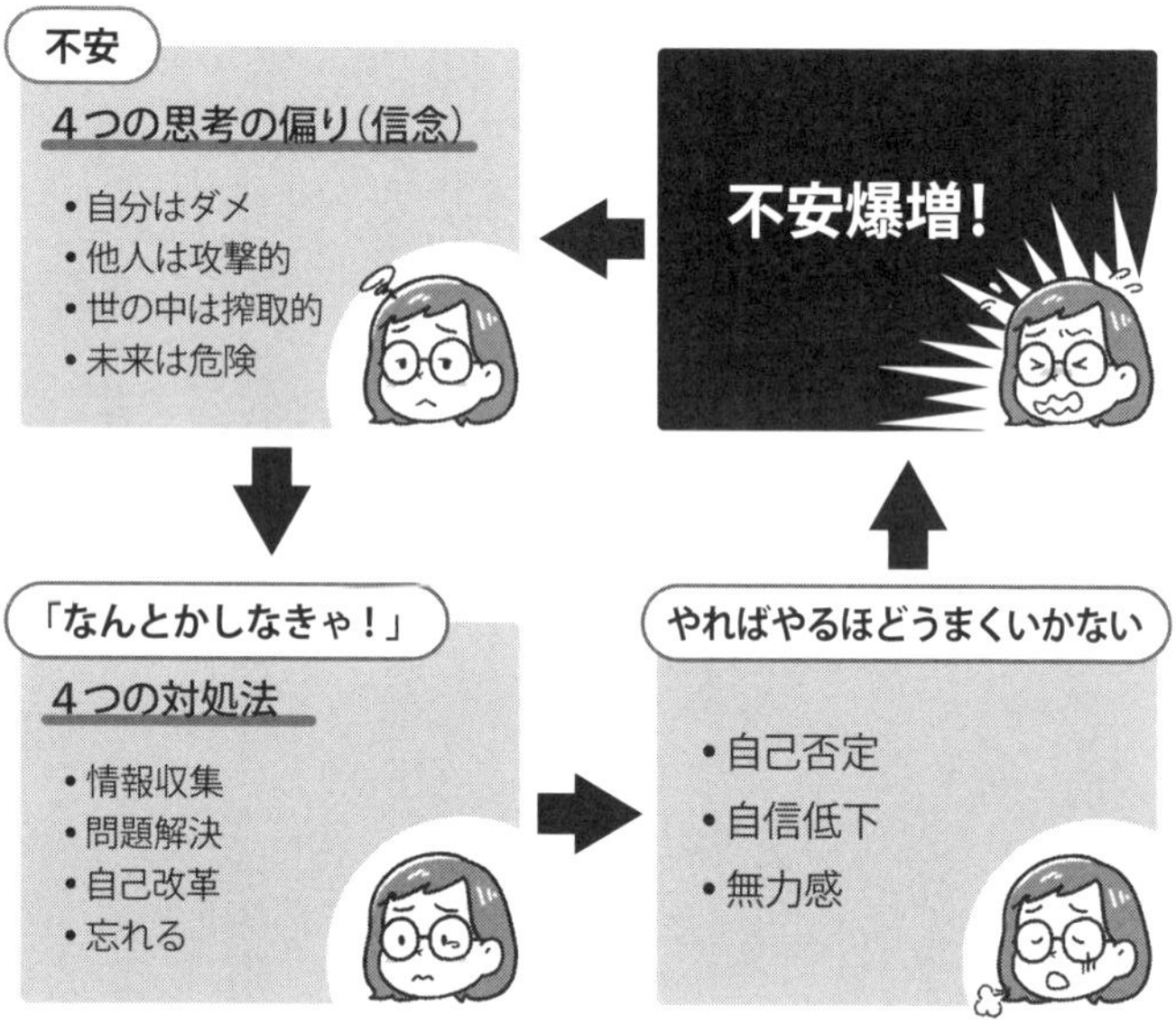


4つの対処法は、第1段階なら有効ですが、第2段階以降になるとうまくいかなくなることは説明しました。

このとき、「これまではうまくできたのに、いまの自分は、不安を消すことができない、忘れることもできない、考え方を変えることもできない、問題解決することもできない、そんな自分は本当にダメだ」と自己否定をすると、今度は、そんな弱い自分を守ろうとして、さらに不安が発動し、4つの思考の偏りもより強固になってしまうのです。

このように本人が**一生懸命努力しているにもかかわらず、不安が解消するどころか逆に強くなってしまうパターン**を不安のエスカレーションの中でも特に**「不安の闇堕ちサイクル」**と呼んでいます（**図10**）。

特に第2〜第3段階になっても一生懸命これまでの努力を続けていると、どんどん自信が低下してきて、自分は世の中に対して何もできないという思いにまで発展することがあります。いわゆる「学習性の無力感」と呼ばれるもので、抵抗してもムダとあきらめてしまいます。

こうなると1〜10の不安レベルの9〜10、何を見ても明るい展望が感じられにくい状態になってしまいます。

まずはこの闇堕ちサイクルを予防することで、かなり楽な毎日を過ごせるようになります。不安がりやさんが不安レベル5〜6ぐらいにはなれるでしょう。

## パワハラも過剰な不安が引き起こす

不安がりやさんはよくいえば繊細、悪くいえばメンタル弱めというイメージがありますが、意外なことに攻撃的になるパターンもあります。

たとえばパワハラ。パワハラはやってはいけないということは誰でもわかっています。第1段階なら「パワハラをしたらこうなる」という単純な理解で自分の行動を制御《せいぎょ》できます。それでも現実にパワハラがなくならないのは、**パワハラをする多くの人が不安の第2〜第3段階になっている**からです。

第2〜第3段階になると、先の「4つの思考の偏り」（自分はダメ、他人は自分を攻撃する、世の中は搾取的、未来は危険）が強くなり、自分を守るための不安が強く立ち上がります。

パワハラをする人は何も恐れていない強気な人のように見えますが、その話をきちんと聞くと、ほとんどの人が、「自分は不当に扱われ、蔑《さげす》まれている被害者だ」と感じています。

**過剰な不安から恐怖、そして怒りが生じている**のです。**これ以上の攻撃を受けないために、逆に先制攻撃あるいは反撃をしているのがパワハラをする人の内面状態**であることが多いのです。

パワハラはよくないと理性ではわかっていても、仮想現実では、「自分がやらなければ」とか「相手のためだ」などとねじ曲げた理屈《りくつ》をつけて、パワハラをしてしまうのです。

パワハラだけでなく、何かを修正し成長しようとするとき、第2〜第3段階では、理性だけのアプローチには限界があります。感情からのアプローチも考えなければならないのです。

## これまでとは違うスキルを試すとき

人は悩みやトラブルの継続、あるいは蓄積疲労などによって、不安の第2～第3段階になりつづけてしまうことがあります。

本当は、嫌な出来事から離れたり疲労を回復したりすれば、自然に以前の自分に戻れます。しかし、残念なことに、「情報収集、問題解決、自己改革、忘れる」の4つの対処法を必死にやってしまい、やればやるほど不安が悪化してしまいます。

これまで**人生を論理的に考え、真面目に生きてきた人ほど、**そして、その人が悩めば悩むほど、4つの対処法に固執してしまい、**つらい日常から抜け出せないというパラドックスに陥る**のです。

とはいえ、極端に動けなくなる第3段階に陥らない状態、つまり第2段階であれば、いまはまだ、「外的な問題はそれほど大きくないにもかかわらず、自分の中だけで悩みが大きくなっている状態」です。だから、つらくて不安でも日々の生活はできてしまい、仕事に集中している間は嫌なことを忘れることもでき、ときには楽しいことも感じられる状態でもあります。

ただ、なんとなく落ち着かないこの日常を、できればもう少し気楽に、穏やかに過ごせる日常にしたい。そういう人は、これまでの方法論とは少し違う考え方やスキルを試してみる必要があるでしょう。

**まとめ**

・不安には3段階ある。疲労にも3段階があり、不安と疲労はリンクしている。第3段階の疲労のときには不安も3倍になる
・情報過多と蓄積疲労から過剰不安になる
・不安がりやさんは「4つの思考の偏り」（自分はダメ、他人は自分を攻撃する、世の中は搾取的、未来は危険）の世界に生きている

# 第3章

# 仮想現実が5%変われば楽になる

## 正しさより自分に合っているかが重要

ここまで現代の不安がりやさんの特性と、王道の不安対処法がうまくいかない状態があることについて説明してきました。ここからは、いよいよ不安がりやさんが楽になるアドバイスを展開していきたいと思っています。

アドバイスは大きく2つの要素に分かれます。

1つは考え方、もう1つは具体的なスキルです。

プロローグで「心の中が少し軽くなる5分間エクササイズ」（26ページ図3）を紹介しましたが、こうしたスキルだけでも有効な場合があります。しかし、結局、人生を生きるうえで、あるいはスキルを実践《じっせん》するうえでも、考え方はさまざまなところから影響してきます。せっかくいろいろなスキルを持っていても、「考え方」次第で、その効果も限定的になってしまいます。

ですから、これから楽になるための基本的ないくつかの考え方を紹介し、その考え方ごとに関連するスキルを紹介していきたいと思います。

大前提として、まず「考え方についての考え方」ですが、倫理的・学問的にはいろいろな考え方がありますが、ぜひ、**正しいかどうかではなく、自分に合うかどうか**で選択してほしいと思います。

いろいろなクライエントの苦しみを観察していると、「正しさ」に縛《しば》られて自分の人生が大変窮屈《きゅうくつ》になっている方が多いのです。

年齢と経験を積んでくるにしたがってだんだん理解してくるものですが、**「正しさ」などTPO（時と場所、状況）によって変わってしまう**のです。正しいといったときに、「いったい誰にとって」「どういう基準で」「どんな場面で」正しいのかが不明です。

正しさに縛られている人は、本書のような生き方についての方法論にも、「エビデンスはあるのですか」と聞いてきます。

そういう方ほど、エビデンスとは何か、なぜ、どんなときに必要なものか、などについて真剣に考えたこともないのです。どこかの情報に頼ることで自分で判断する努力を放棄し、「科学的に思考している自分」を感じたいだけ、という場合が多いように思います。

本書のような生き方のアドバイスをする書物は、著者の個人的なアドバイスであって、読者が行動するときのひとつのヒントでしかない、と考えていただきたいのです。

**あなたに合う生き方や行動は、権威やデータで導かれるものではなく、あなた自身の試**

**行錯誤で見つけるしかない**のです。その試行錯誤のためのひとつの選択として、これからご紹介する考え方やツールをとらえてください。

また、みなさんがそれらを評価する際、「正しさ」という視点からではなく、実行してみたうえで、それが自分に合うかどうか、自分に役立つかどうか、有効かどうかというポイントで評価していただきたいと思います。

## 現代人を苦しめる「比較の苦しさ」

人の苦しさには大きく分けて2種類あります。絶対的苦しさと、比較による苦しさです。**絶対的な苦しさとは、**たとえば水が飲めない、おなかがすいた、とか暑い寒いなどという苦しみで、**生命つまり生存に直結する苦痛**です。生命維持《いじ》に必要な絶対量が満たされていない場合、苦しみも非常に大きく設定されています。

ところが現代人の場合、文明の発達のおかげで衣食住が整い安全になってきたため、この種の苦痛を感じることはだいぶ少なくなりました。本当に飢《う》えた経験のある人は、いまの日本ではごく少数でしょう。

かといって、現代人が苦しさから解放されたわけではありません。年間2万を超える人が自殺で亡くなっています。

この場合の苦しさは、ほとんどが比較による苦しさです。

食べられない苦しさでいうと、飢えるかどうかの苦痛は絶対的な苦しさ、**自分が他者よりもおいしいものを食べられないことの苦痛は、比較の苦しさ**です。一見あまり苦しくないように思うかもしれませんが、もし学校給食で自分だけいつも一品少ない状態なら、いわゆる集団によるいじめであり、本当に悩んでしまうでしょう。

みんなが行ける旅行に自分だけ行けない状態、自分だけ賃金が低い状態、みんなができることが自分だけできない状態、そんな状態で笑っていられるでしょうか。

## 期待値が仮想現実の快・不快を決めている

現代人のほとんどの悩みは、この比較による悩み・苦しみなのですが、**比較による苦痛は、「期待値（イメージ）」と「現実（イメージ）」の差によって生じます**。ここで（イメージ）とカッコで記載しているのは、２つとも、その人の世界で感じているもので、客観的なものとは違うことを表しています。

その人だけが感じているこの世界を、本書では**「仮想現実」**と呼びましょう。というの

### 図11　仮想現実の苦しさは期待値で決まる

<２種類の苦しさ>

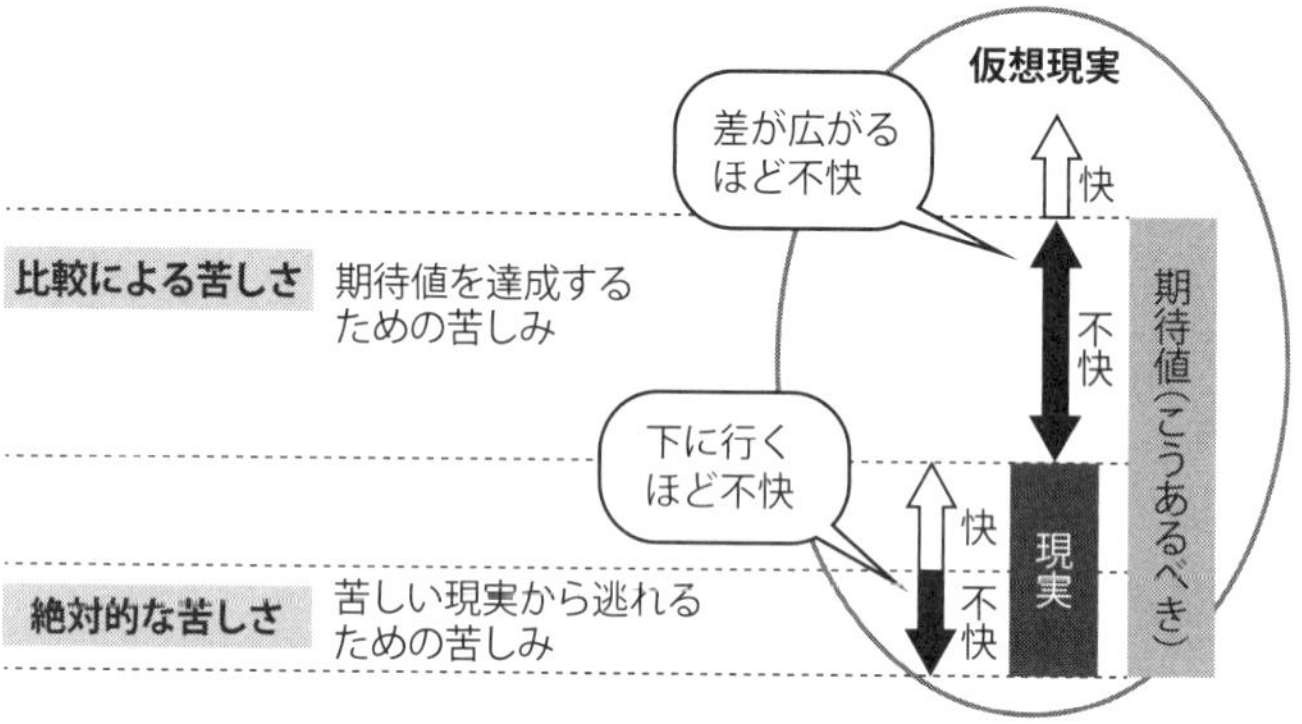


期待値が大きければ苦しさが増し、期待値が小さければ苦しさが減る

も周囲にはそうは見えないけれど、本人には「現実」として映っているものだからです。

絶対的な苦しさが大きい場合、どうしても人生は苦しくなる。これは仕方がありません。

ところが**仮想現実の苦しさの場合、ある状態を苦しいと感じるか、その状態で満足するかは、期待値の大小によって決まる**のです（図11）。

おそらく、絶対的な苦しさの個人差は、戦争も飢《き》餓《が》もなく、治安が安定し医療も充実している現代の日本では、それほど大きくありません。つまり原始人的には、人生どう生きてもそれほど大差はないのです。

ところが、仮想現実では、主観的にはかなりの差が出てしまいます。その差をできるだけ快のほうに誘導するには、仮想現実のケア（改善）が必要になります。

不安がりやさんの仮想現実は、先にも紹介した「自分はダメ、他人は自分を攻撃する、世の中は搾取《さくしゅ》的、未来は危険」という４つの信念と、それを立証するような日々の情報から成り立っています。

**「自分はダメ」と言うとき、何かと比較しています。それが期待値**です。**他人や社会は攻撃的と感じるときも、他人や社会はこうあるべきという期待値と比べている**のです。

私たちが不安から解放されるときは、まず、仮想現実が改善され、同時にこれらの期待値がゆるんでいくことが多いのです。

## 期待値の高い人の仮想現実が変わった！

Ｃさんは34歳女性。ソフトウエア会社の経理を担当していましたが、会社の業績が伸びたことによって仕事量が増えました。しかし人員は増えないまま、必死に頑張ったのですが、結局うつっぽくなってしまい、休職することになりました。

調子が悪くなったもう1つの原因は、5年間付き合った彼と別れることになってしまったことです。彼からは「いつもイライラして不満ばかりの君とは、結婚しても楽しい時間を過ごせそうもない」と言われてしまいました。

振り返ってみると、幼稚園の頃から人間関係を崩してばかり。上手に振る舞えない自分に自信を失っています。こんな自分に未来はないと、死にたい気持ちさえ生じています。


Cさんは、初めてのカウンセリングのとき、会社の人や彼に対する怒り（他人は自分を攻撃する）、子どもの頃からの自分の人間関係の稚拙《ちせつ》さ（自分はダメ）、学校や会社の人事やメンタルヘルス制度への幻滅（世の中は搾取的）、仕事や恋人を失った将来への絶望（未来は不幸）という4つの偏った信念と、その方向から見た彼女の仮想現実について話してくれました。

客観的には、会社はかなり好意的に彼女に対応してくれているし、彼とのことだって、むしろ彼女のほうから別れを切り出した部分があるのです。とても心配してくれている家族もいて、経済的にも安定しているのですが、そのようなポジティブな要素は彼女にとって重要なこととは受け止められていません。

「自分のこの怠惰《たいだ》で感情に流されやすい性格をなんとかしなければならない」と思い立ってカウンセリングを受けることにしたのです。

＊　　＊　　＊

私はカウンセリングを通じて、まず彼女の睡眠を改善しました。一日９時間以上寝てもらうことにしました。１人では寂しいという気持ちがあったので、実家に戻って家族と一緒に過ごしてもらいました。

それだけです。

１カ月後には、仕事に復帰することができました。あのとき問題にしていた過重な仕事や会社の対応、彼がいないことについての現状はまったく変わっていないのに、です。

会社については、「自分だけでなくほかの人も忙しいし、いまの仕事は大変だが学ぶところも多い」と認識が変わってきました。

彼についても、「自分も、30代の私を5年間放置する彼の都合のよさと煮え切らないところが本当は嫌だった。なかなか別れられなかったが、今回、休職し九州の実家へ戻ったことが、気持ちを切り替えるいいきっかけになった」と考えられるようになったのです。

このように、**現実や過去は変わらなくても、仮想現実は変えられるし、楽観的にも生きられる**のです。

## 高すぎるハードルは不幸のもと

仮想現実を変えるには、このように刺激から離れ、休養をとってみることが有効です。それがうまくいったら、次に、期待値について、考え方を整理しておきたいものです。今後、不必要に悩まないようにするには適切な期待値、つまり現実的な目標イメージを持つことが大切です。

平たくいうと、**高すぎるハードル（期待値）は不幸のもと**です。現代人は、どうしても自分でハードルを上げてしまう傾向にあります。

社会制度が整ってきて、理不尽な対応をされた経験が少なくなってきているので、**「社会は自分を丁寧に扱うべき、他人は自分にやさしくあるべき、未来は明るく保障されるべき、自分は何でもできるはず」とハードルの高い認識をしてしまっていることが多い**のです。

生存という観点では生活はかなり保障され、安全であるにもかかわらず、比較の観点から見る仮想現実では、期待値が高く、かなり苦しい状態になってしまいます。

一時期、**「蛙化《かえるか》現象」**という言葉が流行《はや》っている、と話題になりました。王子様だと思っていた彼が、たとえば、「フードコートで自分のことを探してキョロキョロしている」とか「会計のとき小銭を出そうとしている」姿を見ただけで、化けの皮がはがれて蛙になってしまう、つまり恋心が一瞬で冷めてしまうことを言うそうです。

これも、ハードルの高さからの反応だと思います。ビジュアルが整ったアイドル、自分の理想のアニメの主人公などが、他者（恋人）の基準になってしまっていると、そこからちょっとでもずれた行為を見ただけで、恋愛対象から外れてしまうのでしょう。

蛙化現象だけでなく、**自分自身に対する過剰な自信**が問題になることも少なくありません。自分のアイデアが盗まれる妄想《もうそう》（京アニ放火殺人事件）などのように、どうしても「自分は世の中にもてはやされるべき存在」と思ってしまっている人は多いものです。間違った自己万能感とも呼ばれています。楽観主義に振れすぎると、この弊害《へいがい》が大きくなる傾向があります。

また、「自分は、もっとできる、もっと素晴らしいはず」という自分に対するハードルが高すぎる風潮は、「頑張って夢を追い求めよう」という雰囲気が社会にあふれすぎているからではないでしょうか。

**いろいろな成功体験が**マスコミやSNSなどで伝えられます。大谷翔平《おおたにしょうへい》、将棋の藤井《ふじい》聡《そう》太《た》だけでなく、YouTuberやベンチャー企業などの成功例が身近にSNSで語られています。「自分もそうなれる！」というモチベーションが刺激されて、よい面もあるでしょうが、じつは、**なかなかそうなれない、そうでない自分を見たときの自己否定感情のもとにもなっている**のです。

「目標を立て、頑張れば夢はかなう」というテーゼも、頑張るときには力になっても、ほとんどの人が経験する「そうならないとき」には、大きな自己卑下《ひげ》のもとになってしまうのです。

## 仮想現実が5％だけ変われば〇K

これから先、プチ楽観主義になれる考え方やスキルを順に紹介していきます。が、仮想現実を変えるという点だけでなく、プチ楽観主義になれるという点でも、期待値は高くしすぎないほうがよいでしょう。

これをやれば「別人になれる」「バラ色の人生」「ガチャ脱却」「白馬の王子様がやってくる」「アメリカンドリーム」といった大きな変化を期待していると、実際はある程度変化しているのに、「やっぱり変われなかった」という認識になってしまいます。

では、別人には変われないとして、仮想現実がどれぐらい変化すればいいのでしょう。**まったく別人にはなれないが、仮想現実は変えられる、**のです。

どれぐらいを変化の目標とすれば、「変われた」「よかった」と実感できるのでしょうか。

幸せ度は数字には表せないものでしょうが、数字化するとイメージしやすいので、あえて表現してみると、私はつねづね、**「５％」変わればいい**と表現しています。

「え、たったの５％？　少ない……」と思うかもしれませんが、たとえばいま、あなたのストレスのコップが満杯になっている状態だと想定してみましょう。満杯だと、たった一滴のストレスでも表面張力が崩れて、あふれてしまう状態です。身動きひとつできません。

もちろん、望ましいのはこのコップが空になることですが、それは現実的でない。

でも、もし満杯が５％だけ少なくなれば、そのコップを持ちながら、世の中を見渡すこともできます。コップを持って動くこともできる。**５％でかなり世の中にアプローチできるようになる**のです。

そうなれば、先に紹介した「不安ネズミの成長」（42ページ）というネガティブプロセスから抜け出すことが可能になります。だから５％の意味は非常に大きいのです。

さて、こう考えると私たちが取り組むべき課題は、

①より適合的な考え方を身につけ、スキルを試し、
②仮想現実を5%だけ変えていく
ということになります。

## 偏った観察が偏った信念をつくり、仮想現実を支える

仮想現実は、信念とそれを補強する観察から出来上がっています。

不安がりやさんの仮想現実では、本章で紹介したCさんのように「自分はダメ、他人は自分を攻撃する、世の中は搾取的、未来は危険」という信念（思い込み）に基づき世の中を観察しているので、誰かの何気ない挨拶《あいさつ》でも、「自分をチェックされた」とか「表面的な挨拶だった」など、否定的体験として受け取ってしまうのです。


たとえば、「他人は自分を攻撃する」という信念で世の中を見ているので、「おはよう、今日来るの？」と挨拶されただけでも、「来るなと言われた」（補強する観察）と感じて、ネガティブな認識となり、信念もさらに強固になっていきます（**図12**）。

不安の第1段階にあるときは、一瞬そう感じたとしても、すぐに理性が働き、人数

図12　ネガティブな観察で信念が補強される

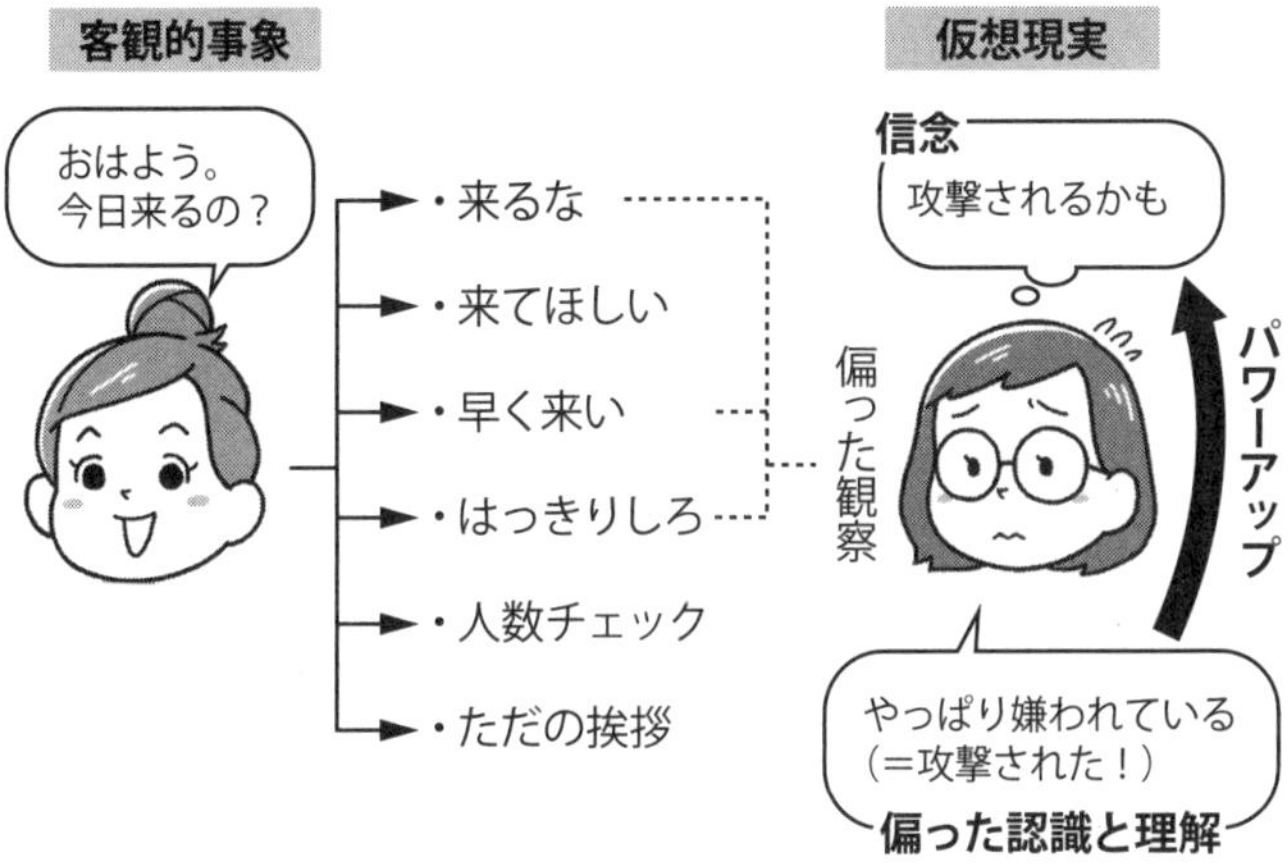


チェックで聞かれたのだと再認識できることが多いものです。

ところが先にも説明したように、**不安の第2段階以降になると、不安の力が非常に強くなるので、この偏った認識や信念を理性では変えられなくなる**のです。

誰かに相談すれば「きっと、そんな悪意はないはずだよ」と言われるかもしれませんが、本人にとっては「現実」です。甘い考えでは自分の大切な命を守れないと感じているので、**周囲の楽観的な評価をなかなか受け入れられない、信じられない**のです。これはもう理屈ではなく感情の問題です。

なお、不安の3段階における感情と理性の割合は次のようになります。

【不安の第１段階】感情20：理性80　仮想現実は理屈で修正可能
【不安の第２段階】感情50：理性50　理屈での修正が困難になる
【不安の第３段階】感情80：理性20　理屈での修正はほとんど不可能

不安度が深まるにつれ、感情のパワーがどんどん強くなっていきます。したがって、不安の第２～第３段階にある不安がりやさんの仮想現実がゆるむためには、感情で納得することが大切になります。

信念のような根本思考を変えるには、端的にいうと「人も世の中も完璧《かんぺき》、均一、固定的ではない」ということを理解することです。いろいろな人に接したり、話を聞いたりするという体験や、嫌な人でも時間をかけて慣れてみるなどの経験を重ねていくと、理屈ではなく感情で納得するようになります。

そうやって、**人は一貫しないもの、人はそんなに悪い人ばかりではない、人は変わるが時間がかかる**などがわかれば、自分や他人、社会に対する期待値を高くしすぎず、適正なものにすることができます（巻末に、私がよく提示している「人の心の15の特徴」を載せておきます。参考にしてください）。

## 何事も「慣れ」が大切です

このようなトレーニングは、１回で何かが習得できるというものではなく、基本は「慣れ」をつくるものだと理解してください。慣れは、避けようとしているテーマとの距離（感）を縮める作業です。そのためには、**ある程度の体験の回数と時間が必要**です。

４つの慣れをつくることを目指します。パート２の「不安がりやさんでもできる『プチ楽観主義』メソッド」では、次の４つの慣れをつくってプチ楽観主義になれる手順やコツを解説します。

- **楽に慣れる**
- **快感に慣れる**
- **怠惰《たいだ》に慣れる**
- **自分の感じ方を大切にすることに慣れる**

それらの手順やコツは、私が多くのうつ状態の人のリハビリを担当してきて、自分なりにまとめてきたものです。

私は元自衛隊のメンタル教官なので、訓練して人を育てることの専門家です。うつ状態の人が偏った思考や行動パターンを修正していくための支援を、相談カウンセリングだけでなく、訓練という視点でも考えてきましたが、そのときの手順とコツが、本書で紹介しているものなのです。

**まとめ**

・苦しさには、絶対的な苦しさと比較の苦しさの２種類がある
・仮想現実（その人が感じている世界）の苦しさは期待値で決まる
・期待値は高くしすぎず、現実的な目標イメージを持つことが必要

パート
2

# 不安がりやさんでもできる「プチ楽観主義」メソッド

不安がりやさんは、これまで現実の世の中と他者を変えようとしていました。それより、自分の仮想現実を変えてみましょう。そのほうが効果が大きいし、自分が工夫することでかなり変えられます。

そこで、「プチ楽観主義」の出番です。仮想現実の悪化を防ぐためのプチ楽観主義を3つ。仮想現実を改善するためのプチ楽観主義を2つ。それぞれ関連するスキルと合わせて紹介していきましょう。

# プチ楽観主義 1

# ネガティブな感情を認める

## 不安をなくそうとせず、ボリュームを調整する

不安の4つの王道対処法（情報収集、問題解決、自己改革、忘れてしまう）のうち「自己改革」「忘れてしまう」の2つには、いずれも背景に、**不安をはじめとしたネガティブな感情は、自分の冷静さを失わせる「悪いもの」であり、それを「克服《こくふく》できる」のが大人である、という認識**があります。

私たちは、この認識を子どもの頃からずっと鍛えてきたといっても過言ではありません。ただ、この認識だけでは、不安の第2〜第3段階でやりがちな4つの対処がうまくいかなくなったときに、結局、「自分の努力が足りない、自分の能力が足りない」という自己否定の結論に達してしまうのです。

自己否定、つまり「自分は無能で弱い状態」という認識が強まれば、そんな自分を守るためにまた不安が立ち上がってきます。この悪循環を避けるには、**「不安な感情を否定しない」という考え方も取り入れる必要がある**のです。

**不安は**原始人が自分の身の安全を確保するために、将来をシミュレーションし危険を避

けるための感情であり、**私たちの生存、成長には欠かせない感情**です。

試しに、「不安がなかったら……」と考えてみましょう。

私たちは将来のために勉強したり貯金したりすることがなくなるでしょう。明日のプレゼンテーションもろくに準備しないし、災害にも準備しない。将来の目標に向かって成長するパワーも衰えるでしょう。

このように本来は人にとって非常に重要な感情なのですが、一方で原始人的な命がけ反応をしてしまうので、どうしてもオーバースペックとなりがちです。

明日のプレゼンは自分のキャリアのためには重要かもしれませんが、仮に失敗したとしても命を取られることはありません。しかし不安は、まさに命を取られるかもしれないという必死さで明日のプレゼンのことを恐れ、シミュレーションし、夜も寝かせないのです。苦しいし、消耗もします。

このデメリット部分が強調されて、「不安は見ないようにする」「抑える」「考え方を変えて対処する」などの対処法が重視されがちですが、その過程の中で、不安の本来のメリットも忘れられてしまいます。

その結果、**私たちは重要な思い込み**（勘違い）**をしがち**です。

**それは「不安を感じてはいけない」「不安はゼロにするべき」「不安を感じることは恥ず**

**かしいこと」だという認識**です。

ここまで紹介したように不安がないと人間はすぐに死んでしまうでしょう。だとすれば、たとえいまあなたが不安への対応に困っていたとしても、そして不安をゼロにしたくても、絶対ゼロにはならないのです。

幸運にも不安の力が弱い第１段階なら、理性の力で不安の思考をゆるめて行動に影響がない状態にすることができます。

かといって、不安がなくていいわけではないのです。

さらに第２〜第３段階になったときに必死に不安をゼロにしよう、なくそうとする努力をしてしまうと、巨大風車に挑《いど》むドン・キホーテのように、いたずらにエネルギーを消耗し自信を失う原因になってしまうのです。

私が提唱している考えは「不安はあなたを守るための思考で、ありがたい思考。ただ、ときどき行きすぎた反応をするので、**不安の思いは受け取った後、ボリューム調整をすればいい**」という考え方です（図13）。

## 期待はほどほどにしておく

図13　不安は受け止め、ボリューム調整すればいい

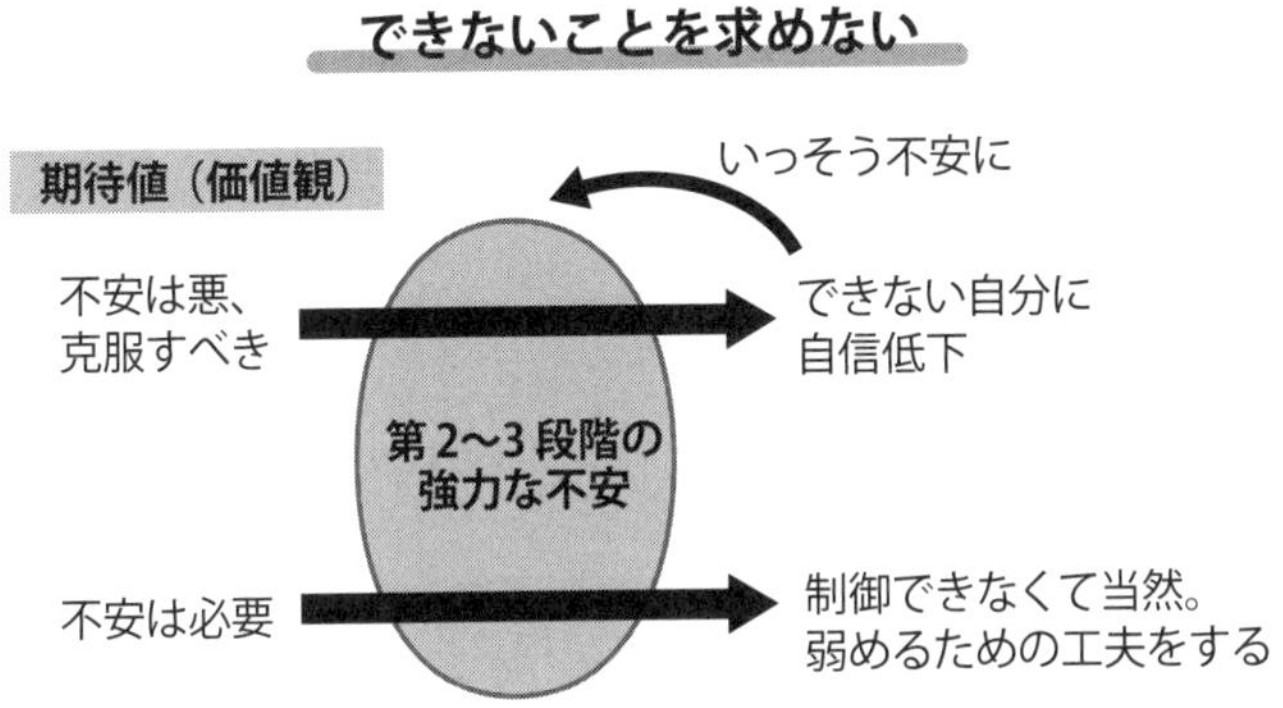


私たちは何かを評価するときに、期待値と現状で評価します。

「不安をゼロにできる」と思っていると、なかなかゼロにならない自分に幻滅してしまいます。「もともと生きるために必要な機能だからゼロにはならない」と思っていると、少し制御《せいぎょ》できた自分を逆に褒《ほ》めてあげることもできるのです。

結果的に、どちらがその後不安になるかは、明らかです。自信と不安は表裏《ひょうり》一体の関係なので、**「自信がなくなると、不安は大きくなる」**のです。

また、私たちはどうしても他者と自分を比べたがります。

同じプレゼンを前にしても、

「あの人は余裕で準備しているし、失敗して突っ込まれてもあまり気にしていないようだ。私もあのように気楽になりたい」

こんなふうに思ってしまう人も多いでしょう。

そこで、他者に対する期待値の考え方も紹介しておきましょう。

人には、いわゆる個性があります。不安についても、不安がりやさんとそうでない人がいるのです。そのようなバリエーションが生じてきたのは、不安がりやさんとそうでない人には異なるメリット、デメリットがあるからでしょう。

不安がりやさんは人よりも早く危険を察知し、対策を打つことによって現実に大きな危険を避けることができます。一方、デメリットとしては、必死に警戒《けいかい》し、情報収集し考察するので、疲れてしまうことです。いろいろ考えても空振りも多いはずです。

一方、不安を感じにくい人は、この消耗を避けることはできますが、大きな危険に突然遭遇《そうぐう》してしまう可能性は高くなります。

辛《から》いものが得意な人と苦手な人がいるように、不安がりやかそうでないかも、体質的な部分があります。訓練などで多少は改善しても、それほど大きな変化は期待できません。

何事にも動じない人に憧《あこが》れるかもしれませんが、「その人」にはなれません。完全にその人のようになれると思って努力してしまうと、そうなれない自分に幻滅してしまいます。不安がりを少しでも改善しようとするのはよいのですが、**「どこまでできるかなあ」というほどほどの期待値を持つべき**です。

カウンセラーあるいはメンタルトレーナーとして多くの人を見ていると、個人差だけでなく性差も大きいと感じています。脳科学などのエビデンスとは異なる意見かもしれませんが、私の体験からの結論では、単純に、**女性のほうが男性より不安がりやの方が多い**ようです。

これも原始人的に考えると納得できます。

原始的環境において、女性は男性に比べ体も小さく、身ごもり、子どもを育てなければならないので、自分の力だけで、さまざまな危険に対応するのは難しかった。その分、必死にシミュレーションし危険を避け、それだけでなく周囲の人に守ってもらえるようなコミュニケーションをとって、初めて生きていけたのでしょう。そのようにセットされているのです。

このような性差、個人差はあるものの、刺激や疲労によって生じる不安の２倍、３倍モードの概念を適用すれば、「個人差は、あっても１・５倍程度」のものだと感じています。

つまり、不安を感じにくい人が、ある事象に対し10段階でレベル2の不安を感じているとしましょう。同じ条件で、不安がりやさんは1・5倍の3の不安を感じるでしょう。

しかし、もし不安を感じない人が、疲労をためて第2段階になったとしたら、2倍モードなので、同じことでレベル4（レベル2×2）の不安を感じてしまいます。第3段階ならレベル6の不安になってしまうということです。

一方、不安がりやさんが第2～第3段階になったならレベル6（レベル3×2）、レベル9の不安を感じている。これはかなりつらいことです。

そんな不安がりやで困っている人の場合、どうしても「自己改革」「忘れてしまう」の対処法で、自分の感性を鍛えようとか考え方を変えようとか、あるいは我慢《がまん》力を鍛えようなどとしてしまいます。今だけでなく、将来のためにも変わりたいという思いからです。

しかし、それをやってもうまくいかないことは説明したとおりです。

実際には、**まずは疲労や刺激のコントロールから始めることが、いまも、その後を見ても効果的**なのです。

## 不安とのうまい付き合い方

不安の第1段階での対処法は、これまでみなさんがやってきた4つの対処法をそのまま実行してください。それがうまくいかなくなってきたら、不安・疲労の第2段階に来ている可能性があります。

**第2段階以上になったら、これまでの4つの対処法を「やめる」**ことを意識してください。これまでは理性が強い状況だったので理性からのアプローチが有効でしたが、この段階からは不安という感情そのものにアプローチしなければなりません。

### 1 環境を整える（刺激から離れる）

まずは、環境を整えます。環境を整えるといっても考え方は単純です。「2倍に感じてしまう嫌な刺激をできるだけ入れないようにすればいい」のです。

**嫌な人、仕事、物、場所から距離をとってください。物理的、時間的に、です。**それが無理なら、**イメージで別の世界に避難**しても結構です。

短い動画を見たり音楽を聴いたりゲームをすることなどで、**嫌なことを考えなくてすむ**

**時間をつくる**と、不安のエスカレーションを抑えることができるだけでなく、不安によるエネルギー消耗を抑えることができます。

ただ、このときに、「懸案《けんあん》の問題を解決しないとこの不安は続く」とか「自分の性格を鍛え、乗り越えないといけない」という考えが強いと、どうしてもこの環境を整えることに対して「逃げている」と感じてネガティブな評価をしてしまいがちです。

だからこそ、これまで紹介していた理屈《りくつ》をきちんと理解してほしいのです。「逃げているのではなく、あなたの頭（コンピュータ）が本来の冷静さを取り戻すための再起動プロセスに入った」と考えていただきたいのです。

## 2 睡眠をとる（エネルギーケア）

次に有効なのが睡眠をとるということです。これは**エネルギーに対するケア**です。不安のエスカレーションにはほとんどの場合、エネルギー不足（蓄積疲労）が関わっています。

環境を整えることでは、それ以上のエネルギー消費を抑えることしかできず、「不足したエネルギーを補給するには睡眠をとらなければならない」と考えてください。

ですから、**眠れるだけ眠ってください**。

睡眠の質などにはこだわらないでください。というのも、すでに疲労の第2段階になっていると、そもそも弱っているので夜間、身を守ろうとして睡眠の質が浅くなっているのがデフォルト、むしろ正常な状態なのです。

その状態で少しでも睡眠を確保するには、とにかく時間にだけ気をつければ結構です。

私は**「8〜9時間は寝てください」**とお伝えしています。昼寝を含めても問題ありません。そんなのとても無理、という人には、**「いまの睡眠時間より絶対1時間は多く寝てください」**とお願いします。

## 3 不安の声を聞く（セルフカウンセリング）

距離をとり睡眠をとったら、ある程度、気持ちも落ち着いてきます。その状態で、不安について保留してしまうと、「忘れてしまう」の変形になってしまいます。

**不安はあなたの心の警戒員**と考えてください。今回はたしかに過剰に警戒ブザーを鳴らしたかもしれませんが、不安がなんらかの危険を感じたことには間違いありません。

そこで**「今回感じた不安の原因について、しっかりと見つめてみる」**作業が有効になります。

まだヒリヒリした現場にいて緊張状態が続いているときにこの作業をやっても、ただ単に不安の過敏なイメージが暴走するだけですが、すでに距離をとってしっかり寝た後なら、

**図14　不安の声を聞くセルフカウンセリング**

**自分にゆっくり聞いてみる**

①
何が不安だったの？
②
そのどこが不安だったのかな？

③ **こうやって対話し不安を分解していくと、不安の本質が見えてくる**

ある程度理性も復活しているので、落ち着いた分析《ぶんせき》ができるはずです。

まず自分に「何が不安だったの」とゆっくり聞いてみてください。このときすぐ理性が「そんなことは起こらないから」とか「不安に思ってもしょうがないから」と論理的なツッコミを入れるかもしれませんが、そのツッコミを一時的に保留しておきます。

「○○が不安だった」ということが自分の心から出てきたら、それを否定せずに受け止め、「そのどこが、どの部分が不安だったのかな、どう感じてつらかったのかな」とさらに細かく、詳しく聞いていきます。

じつはこれは、カウンセラーがサポートするときの方法なのです。つまりセルフカウンセリングをやっていくのです（図14）。

この方法で**不安を細かく分解していくと、不安に思ったことの本質的なものが見えてくる**ことがあります。

本質がわかれば、もう過剰にそれを恐れることはありません。**その本質にすぐ対処できることがあれば対処するし、対処できないことであれば、それに必要なだけの警戒をすればいい**のです。

少なくとも不安は、今回の警戒したいきさつを、あなたに伝えられた（理解してもらった）ことでかなり落ち着きます。

この作業をきちんとおこなわないと、わけのわからない漠然《ばくぜん》とした不安がまたすぐ復活して、ちょっとしたことで必要以上の警戒ブザーを鳴らしはじめます。

**まとめ**

・不安はなくそうとせず、受け止めてボリューム調整する
・自信がなくなると不安が大きくなる。自己否定にならないよう期待はほどほどに
・不安から距離をとり、睡眠をとる。セルフカウンセリングで不安の声を聞く

# プチ楽観主義 2

# のんびり成長していく

## 人が変わるのには時間がかかる

一般的な4つの王道対処法に共通するのは、「今回のつらい体験を将来のトラブル対処にもつなげたい」という思いでしょう。今回だけ乗り越えればいいというものではなく、今後も上手に対応できるように成長したいのですよね。

本書でも、これから紹介するような考え方やスキルを身につけて、ぜひ将来的にも対処できるように「成長」してもらいたいと思っています。

ただ、ここでも、過剰な期待値を持たないことがとても重要になるのです。

たとえば私たちが成長というと、小学校の四則演算や九九を覚える、あるいは漢字や英単語を覚える、数学の問題を解けるようになる、というのがよくある原点イメージでしょう。

そこでは、「覚えているか覚えていないか」あるいは「理解したかしていないか」「気づいたか気づいていないか」がとても大きい差になります。

でも、この成長イメージを、感情や行動をコントロールする課題に当てはめてはいけません。

不安や疲労の第1段階では理性が優勢なので、「これはやってはいけない」あるいは「これをこうやったらこうなる」という気づきが重要で、そのことで行動をある程度律することができます。

ところが**第2段階になると、「わかっていてもやめられない（そうできない）」という状態**になってくるのです。感情は、視点や思考法だけでなく、モチベーションまで強力に操作してきます。生き延びるために必要だと感情が指定した行動をとらせるための力です。

じつは、そのパワーは不安の第1段階のときも、私たちの生きる軸みたいなもの（価値観）に強い影響を与えているのです。

たとえば、〈プチ楽観主義1〉で紹介した「不安を感じてはいけない、不安はなくさなければならない」という価値観は、第2〜第3段階になったときにトラブルになるまでわかりませんが、すでに第1段階のときから、私たちの態度に影響しています。

ですから、理性が優勢な第1段階のときに、少しでもこの期待値（価値観）をゆるめておきたい。そのための現実的なスキルを紹介していくのですが、**「スキルを覚えたから、すぐに不安がりやでなくなる」などという期待を持たない**でほしいのです。

本書の内容があなたの期待を裏切る……ということを言いたいのではありません。

本当は有効な内容を伝えても、あなたのいまの状態によっては、

「自分は対処法を知っていて、ほかの人はできるのに、自分だけができない」

←

「自分は能力がない、自分は努力が続かないダメ人間だ」

と、例の「闇堕《やみお》ちサイクル」（80ページ**図10**）に陥る場合があるからです。

何かをやって、**すぐに変われるものと、そうでないものがある**のです。

あなたがすでに不安の第2〜第3段階にいるときは、感情に関わる態度や行動はなかなか変われません。変えようとする努力をやめて、まずは刺激から離れ、休息をとるべきです。

あなたが第1段階にいるときは、変われるチャンスですが、すぐには変わりません。変わるまでにかなりの時間がかかるのです。感情のパワーを侮《あなど》ってはいけません。**感情が原始人的な感覚で納得するだけの「時間と回数」が必要になる**と考えてほしいのです。

たとえば、ある人にとても嫌なことをされた、あるいは暴力を振るわれたとしましょう。その人が「もうしない。だって暴力を振るっても、ちっとも自分にいいことはないから」などと表明しても、私たちはきっと完全には安心しないですよね。本当にその人が改心し

た、攻撃しないとわかるまでには、かなりの時間と、その人が試されるような経験の回数が必要になるのです。

## 正しさへのこだわりを捨てる

正しさについては第3章冒頭でも触れましたが、とても重要なことなので、ここでもう一度解説しておきたいと思います。

私たちは誰でも正しいことをしたいのです。自分が何かをやっていても、それが正しいのかどうかが非常に気になります。それを確かめるためにいろいろ勉強したり、ネットで検索したりします。

正しさには論理的な正しさだけでなく、倫理的な正しさ、ほかの人と一緒である普通さ、手順ややり方の正しさなども含まれることがあります。**いわゆる常識**というやつです。

この正しさへのこだわりは、私たちが子どもの頃に学校や親からしつけられてきた態度によってつくられている、と考えていいでしょう。伝統的な日本の教育では、それぞれの感性や態度を尊重するより、よい生徒、よい学生、よい大人、よい社会人の像が求められ、学習でも自分が考えた独創的なアイデアではなく、教科書に載っている答えこそが「正しい」とされ、それを覚えて従うことが、社会人としての重要な要素になってきているのです。

**自分の感性よりも外にある権威や周囲の人や集団などから期待される答え、つまり正しさのほうを重視するクセがどうしてもある**のです。

「自分」のことなのですから、そのクセはもう捨てましょう。**「自分がどうしたいか」で決めていい**のです。

いわゆる「エビデンス」をやたらと求める人がいますが、これも「正しさ」志向の部分が大きいのです。エビデンスをうんぬんすることで「私は理性的、論理的に考えている」ということを自覚、あるいは誇示《こじ》したいのだと思います。

冷静に、エビデンスがどうして必要かという本質を考えていない人が多いようです。エビデンスは、それだけですべてが決着するものではなく、本来、何回か続く試行錯誤《さくご》の単なる「1歩め」を選ぶための場合が多いのです。

その1歩めに大きなリスクがある場合は、エビデンスが重要になります。**1歩めを容易に踏み出せるなら、エビデンスを探すよりもさっさと行動したほうが、結果や情報が入りやすい**ものです。

## コスパ、タイパは自己否定のもと

正しくありたいというテーマにはいろいろなものが含まれますが、現代人がとてもとらわれていることがコスパ、タイパに代表される**「最短の努力で最高の目的を達成しなければならない（それが正しい）」**という信念です。

それが達成できる人が有能であると思われているフシがあります。また、どこかにそれを達成できる方法がある。それを見つけなければ、学ばなければ……とも思っています。

現代社会にはびこる効率主義の呪縛《じゅばく》です。

仕事ならそういう側面もあるかもしれませんが、それを余暇とか自分自身の成長などにも持ち込んでしまうと、デメリットのほうが大きくなるのではないでしょうか。

本書のテーマでいうなら「不安がりの体質をすぐに変えなければならない」という思い込みにとらわれていると、**これは過剰な期待値になってしまい成長にとってマイナスに働きがち**です。効率に縛《しば》られている自分に気づきましょう。

ただ、本当にこの**「すぐ変わるべき」妄想《もうそう》にとらわれている人は多い**のです。

この妄想を助長しているのが、さまざまな自己啓発系の情報です。たとえば認知療法系の本を読むと、思考などを変えればすぐに不安がりやから抜け出せるように思ってしまいます。たしかに、不安の第1段階でその練習をすればかなりの効果が出ることも事実です。だから、嘘ではない。ネットや本などでもそのような成功例が紹介されています。

そこで**「不安がりやはすぐ改善できるのが当然（できなければダメ）」と感じてしまう**のです。これが高すぎる期待値になってしまいます。

ところがこれまで説明したとおり、不安そのものはなくせる感情でもないし、不安や疲労の第2～第3段階になってくると不安感情が非常に強化されてしまうので、改善しようと思ってもまったく改善できない状況になります。

そうなると**努力すればするほど自己卑下《ひげ》してしまう**という、あの「闇堕ちサイクル」が始まってしまうのです。

これから、実際に不安がりやを改善するいくつかの方法論を紹介していきますが、不安などの感情をゆるめるエクササイズをしたときに、どれぐらいの努力で変化できるのかについて、まずは現実的な目安を持ってもらいたいと思います。

たとえば、大谷翔平が２０２３年シーズン終了直前に肘《ひじ》の手術をしましたが、彼のファンが、もし手術をした直後、１週間で大谷が投げられると思っていたら、そうでない現実に直面したとき、大きく失望するでしょう。ファンがきちんと適正な時間を予想できていれば、2年後のシーズンに二刀流で復活することを期待して、ゆったりした気持ちで応援しつづけられるのです。

## 40回、400回の法則でゆっくりと

結論から紹介しておきましょう。

私は価値観や期待値などが修正されたり、第3章で紹介した「4つの慣れ」（101ページ）が生じるには、**深刻な体験で40回、ただその行動をおこなうだけの単純な経験（訓練）であれば400回はかかる**と思っています。

エビデンスはさまざまな人の変化をサポートしてきた私の経験値です。

私は防衛大学校出身の元自衛官ですが、防大に入校したとき、わずか1週間で「人を見たら反射的に敬礼ができるようになる」状態に変化した経験があります。私だけでなくすべての新入生が、です。

防衛大学校では、上級生とすれ違うたびにきちんとした手順に基づいた敬礼をしなければなりません。これを間違うと、怖い上級生たちからその場で厳しく指導されるのです。

しかも、その数が尋常ではない。食堂に向かうだけで何百人もの上級生とすれ違うので

す。寮の廊下を通ってトイレに行くだけでも10名ぐらいの上級生に敬礼しなければなりません。敬礼を失敗して深刻な指導を受けた体験40回、ただ敬礼をするだけの経験４００回は、ほんの数日で達成したのです。

自衛隊ではさまざまな訓練を自分も体験し、そして指導してきましたが、この40回、４００回の法則はかなり的《まと》を射たものと思っています。

また、１万時間セオリーというのもあります。これも出どころは定かではないのですが、**「あることを極めるためには1万時間が必要だ」**という説です。高校生が毎日5時間、週末に８時間の猛特訓をしたら、３年でその６割強の時間になります。昔の運動部の強豪校レベルはそうでした。仕事なら、８時間労働で普通に働いて、４～５年で１万時間になるので、そこでようやく一人前になれるという計算です。

私たちは何かを習得するときに、たとえば九九だったら数ヵ月必死でやればそれを覚えられることを知っています。そのイメージで自分の感性や性格、行動なども変えられる、変わっていくと思っているかもしれませんが、そうではないことをきちんと認識してください。

理性や知識で変えられるところ、つまり覚えるだけの課題で、しかも第１段階なら、そのような短期間である程度の変化を期待することができるでしょう。

ところが不安がりやを改善しようとする課題を、特に第2〜第3段階でつらくなったときにやろうとしても、まずは不可能。第1段階のときに、40回、400回を目指しましょう。

## 感情のリバウンドを避けながら進む

「変わりにくさ」を私たちが痛感しやすいのがダイエットです。
○○ダイエットを集中的にやって、体重はある程度減らすことはできるかもしれませんが、ほとんどの場合リバウンドしてしまいます。
専門書によると人には適正な体重というのがあり、それを変化させると必ず元に戻ろうとする力が生じるらしいのです。昔、生物で習った「ホメオスタシス（恒常性）」と呼ばれるものですね。

このホメオスタシス、つまりリバウンドを避けながらダイエットするには、きわめてゆっくり、たとえば3ヵ月に1％ぐらいのペースで減らすのが有効だといいます。

プチ楽観主義への生き方の修正でも、同じようにゆっくり進めなければなりません。急に方向性を変えるのは急ハンドル、急ブレーキと同じように、トラブルのもとです。

大切なのは、**「これまでの生き方」を全否定してはいけない**ということです。不都合があって変えるにしても、徐々に徐々に変えなければならないのはダイエットと同じだと思ってほしいのです。

私たちの信念や行動パターンは感情と連動しています。たとえば、「自分はダメ、他人は自分を攻撃する、世の中は搾取《さくしゅ》的、未来は危険」の４つの思考の偏り（信念）は不安と連動しています。そして、感情は私たちの命を守ろうとしてくれています。**現行の信念や行動パターンを変えるということは、感情にとって、これまでなんとか守ってきた命を危うくする可能性のある行為**なのです。

いまの生き方は、苦しい。論理的に考えても違う生き方、プチ楽観主義にしたほうがいい、とあなたは理性で考えています。理性は現在の状況のメリット、デメリットを総合的に考えるからです。

一方、感情は原始人的な感覚でのメリット、デメリットで考えます。いまの生き方は「苦しいかもしれないが、少なくとも生きてこられた」という、感情としてとても大きなメリットをキープできたやり方なのです。新しい生き方は魅力的かもしれないが、死ぬかもしれないリスクをはらんでいると感情は感じてしまうのです。

理性の選択と感情の選択が違う場合は、短期的には理性が勝っても、長期的には必ず感情が勝ってしまいます。ダイエットのリバウンドと同じです。だから私たちは頭で考えて新しい行動をしたとしても、少し時間が経つと昔の方法に戻ってしまうのです。

**上手に変わるには、感情によるリバウンドを避けなければなりません。**感情がリスクを感じない程度のペースで、少しだけ変わるという方法がうまくいきやすいのです。

## 微調整しながらいいバランスを探りつづける

では、どうすれば変わりにくい感情を少しずつでも変えることができるのでしょうか。「成長」に関する2つの信念、考え方を修正していく必要があります。

1つめは、「すぐ変わる」から**「ゆっくり変わる」**への修正。

このことについてはいま説明しました。もう1つ、重要な考え方の修正をしなければなりません。

それは、「確固たる絶対的な正解がある、それを見つけるまで頑張る」から**「試行錯誤でいまの最適解を探る。流動的ですぐにバランスが崩れるので、また最適解を探す／探しつづける」**への変更です。

正しいことをしたい人たちの信念群の中には、
「どこかに自分の知らない最適解の解決法（本物）がある」
「それを探しつづけなければならない」
「たどり着くまで努力を継続しなければならない」
という思い込みがあります。

私たちは、たとえば不安がりやを改善したいと思っていろいろなことを試します。少しぐらい効果があっても、百点満点の効果でないと、どこかに本物があると思って、またほかのものを探し求めるのです。

ほかのものを探して前よりちょっといい感じだと、ようやく本物を見つけたと喜ぶのですが、案外それも続かず、また別のものを探しつづけます。

まさに、青い鳥の童話のようですね。

私は、クライエントによく**「魔法はないからね」**とお伝えします。

これをやるだけで不安が解消する、というような「魔法」はないのです。あるのは小さな効果があるいくつかのコツだけ。しかもたとえば不安や疲労の３つの段階で大きな差があるように、自分の状態や環境、問題そのものによっても、そのコツが有効であるかどうかは変わってしまうのです。

せっかく試して手ごたえを感じても、状況が変わり少し効率が悪くなっただけで、それを捨ててまたほかのものを探しだす、というのは、じつは大変もったいないことなのです。さらにそのパターンを続け、いつまでも魔法にたどり着けないことで、世の中に対して希望を失い、自分に対しても幻滅してしまう。こうして「不安の闇堕ちサイクル」に陥りがちになってしまいます。

そのようなクライエントには、私は「魔法はないよ」の次に、**「自分に合うコツを探して、生活の中でバランスをとっていくことが正解なんだよ」**とお話ししています。

ピンチのときにこれを押せばいいという緊急脱出装置のボタンがあるわけではないのです。どちらかというと、ミュージシャンが使うようなイコライザーのような装置だと思ってください。**いくつもの調整レバーがあり、それを微調整しながら、いまの状態に合う最高の組み合わせ、つまりバランスをとっていくことが、生きるということ**なのです。

変化する、といってもまったく違うものになるのではなく、従来のやり方も含め、あることを加え、あることを減らし、いくつかの方法論のバランスをとりながら、あるいはバランスを変えながら、変化していくというイメージを持つといいでしょう。

誰かがすすめる「正しいこと」をどんどんやっていっても、それで、ほかの部分のパフォーマンスが落ちて不幸せになってしまっては、元も子もありません。

たとえば、対人不安を減らすために、尊敬するある人に言われ、山にこもったとします。それで満足すればいいのですが、多くの場合、収入を失う、人間関係を失う、ストレス解消法を失う、生きがいを失うなど、トータルで不幸せになることもあるのです。

**自分の体や心が、無理をしない範囲でどこまで変えられるか、そのバランスを見いだし、うまくなることが「成長」であり、あなたらしさ、つまりアイデンティティの開発**でもあるのです。

## 7〜3バランス法で現実的な目標設定

では、そのバランスを修正していくコツ（エクササイズ）を1つご紹介しましょう。

私たちが性格を変えようとするとき、元の性格（不安がりや）と目指す性格（楽観的）の2つがあるはずです。このとき、いきなり目指す方向に急ハンドル、急加速してもうまくいかないことは、説明したとおりです。

変化は徐々に、バランスをとって進めていく必要があります。具体的な方法としてクライエントにすすめているのが「7〜3バランス法」です。

図15　現実的な目標を設定できる7〜3バランス

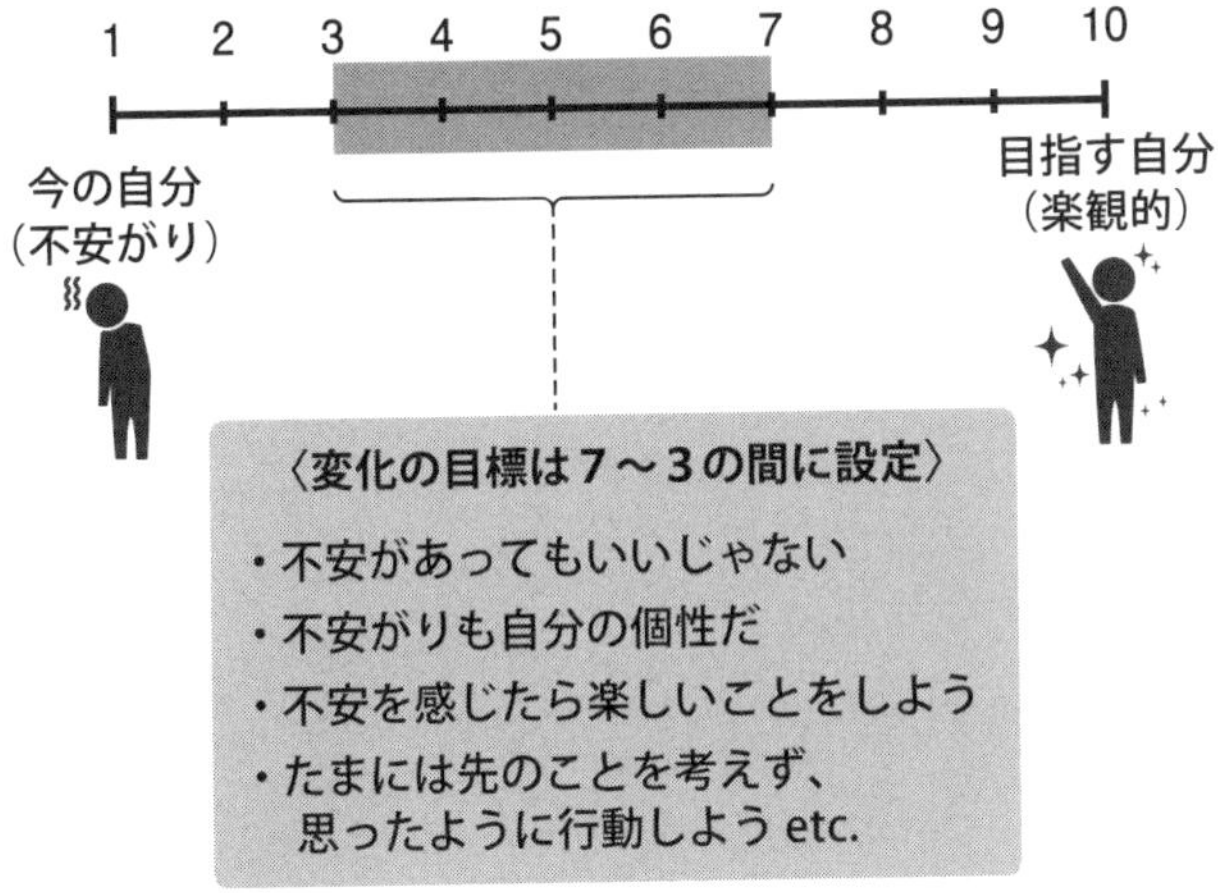
1
2
3
4
5
6
7
8
9
10
今の自分
（不安がり）
目指す自分
（楽観的）
〈変化の目標は7〜3の間に設定〉
・不安があってもいいじゃない
・不安がりも自分の個性だ
・不安を感じたら楽しいことをしよう
・たまには先のことを考えず、
思ったように行動しよう etc.

目指す自分を10として今の自分を0とポジションしたときに、**変化の目標を7から3の間にイメージするというのが、7〜3バランス法**です（図15）。

これは、いわゆる「7割でよし」とするというものではありません。

8はダメなのです。8、9になるといまの自分を否定する割合が大きくなるので、感情のリバウンドが生じやすくなります。一方で1、2だと、なかなか変化したという実感が湧《わ》かず、変化のためのモチベーションを維持しにくくなります。

**モチベーションをキープしつつ、リバウンドも起きにくい現実的な目標設定のラインが、7から3の間にある**のです。

プロローグでも紹介した不安がりやさんの1～10レベルの中でレベル8の人がいきなりレベル2の楽天家になろうとするのは、7～3バランス法でいうと高すぎる目標設定になるのです。これではうまくいきません。だから「プチ」楽観主義なのです。

何事についても不安に感じるレベル8の人は、まずはレベル5～6、つまり一般的な人と同じぐらいをイメージして自分を変えていこうとする、とうまく変化しやすくなります。

**まとめ**

・これまでの自分の生き方を全否定しない
・「ゆっくり変わる」「試行錯誤で最適解を探しつづける」
・変化の目標は7～3の間、現実的な目標にする

プチ楽観主義
3

# 「自力で頑張る」から「他力を頼る」へ

## 努力で変えられるもの、変えられないものがある

「人生は努力で切り開くべき」という教訓はとても正しい感じがします。この信念をもとにこれまで「成功の人生」を送ってきた人も少なくないでしょう。私もこの信念を否定するものではありません。

ただ私がサポートしている不安や疲労の第2～第3段階の人の中には、この信念を強く持ちすぎるあまり、なかなか苦しさから抜け出せない人が非常に多いのも事実です。

この信念が有効なのは第1段階のときだけなのです。

私たちは第1段階でも**基本的にはエネルギーを節約する性質があります。**何か問題に直面したとき、できるならそれに対応しないですませたい、という気持ちが湧《わ》きます。ちょっとした不安を感じても、それを「忘れてしまう」対処をしてしまい、問題を先送りする傾向があるのです。

原始時代ならそれほど問題はないのですが、現代社会では、問題から逃げてしまう態度では、さまざまなチャンスを失いがちです。積極的な態度の人と比べると、社会での成功の確率が低くなってしまうでしょう。

それを戒《いまし》めるために、「人生は努力で切り開くべき」という信念が強調されてきているのです。

ところが、この信念には裏メッセージがあります。

「人生は努力で切り開くべき」という信念の裏側には、「人生は努力で切り開ける。それなのに**うまくいかないのは自分の努力が足りないからだ**」というメッセージが秘められているのです。疲労や不安の第2〜第3段階になると、それが**「努力をやめたら破滅的な状態になる」**とさらに極端な呪《のろ》いのメッセージになりがちです。

疲労や不安の第2段階になったとき、普通なら、刺激から離れ休息をとることによって復活できるのです。ところが前述の信念が強いと、休もうとか刺激から離れようとしても、それは努力を放棄することで、いっそう事態を悪化させてしまうというイメージを持ってしまうのです。

だから私たちはピンチになってもブラック企業から抜けられないし、苦しくても仕事を休むことができなかったり、苦しい関係を解消するための離婚にも躊躇《ちゅうちょ》してしまうことがあるのです。

おそらくバランスのよい適正な考え方は、**「人生は自分の努力で切り開ける部分もある**

**が、むしろそうでない部分が大きい**」ということではないでしょうか。

神よ、私に変えられることを変える勇気と
変えられないことを受け入れる冷静さと
その二つを見極める知恵を与えたまえ

これは「ニーバーの祈り」として知られる、アメリカの神学者ラインホルド・ニーバーの言葉です。私はいろいろなところでこのニーバーの祈りを紹介しています。

## 何かに頼って気楽になる

ただ、これまで努力して成功をつかんできた自覚のある人は、いきなり努力を放棄しろと言われても、「じゃあ、どうすればいいのか」と途方に暮れてしまうでしょう。文明社会が発達して、自分の行動で世の中に影響を与えることができる要素が大きくなってきた**現代人は、どうしても間違った万能感を持ってしまいがち**です。

それならば、もっと人間が無力だった時代の考え方を取り入れればいいと思うのです。

文明が発達する前、人間は本当に無力だったに違いありません。そのときに人は神様に頼ったのです。

**もちろん努力はする。ただ努力ですべてが完結するわけではない。あとは神頼み。**

神頼みの方法には、それぞれ自分が納得できるスタイルがあるでしょう。運や流れに任せるという考え方をしてもいいかもしれません。

たとえば、次の誰かの一言によって決めるとか、あるいはサイコロによって決める、コインを投げて決める、あるいは占いやお告げによって決めるという方法でもいいでしょう。

このような方法は非科学的であり、かつ自助努力を放棄する行為でもありますが、じつは、**「なんでも自分の責任に背負《しょ》いこむという過剰な負担を避けられる」**とても優秀な手段でもあるのです。だから、現実には宗教や占い、お告げなどに救いを求める人が少なくないのです。自分の無力を受け入れて大きなものに頼るほうが、気持ちが楽になるのです。

## 行動すれば、感情も変わる

また、努力についてもう1つ、多くの人が知らないことがあります。

私たちは、何かに悩んだとき、「これが気になる」「これをこうしたい」などと強い希望を持つことがあります。「彼とは絶対別れたくない」「会社を辞めるぐらいなら死ぬ」などと言う人も多いものです。

そして、彼は別れようとしている、会社はその人をクビにしようとしている、という現実があるとき、本人も周囲も途方に暮れるでしょう。

ところが、私はあまり動じません。**感情は変わる**ことを知っているからです。特に、**自分が行動すると感情はどんどん変化していきます。**

たとえば、「行きたくないと思っていたイベントも行ってみたら楽しかった」などということはよくあるものです。私たちも、「××になったら大変だ！」と感じている不安も、実際に何か行動したり環境が変化することで落ち着いてくる、という体験をしているのです。いわゆる「案ずるより産むが易《やす》し」です。

どうしてこういうことが起こるかというと、不安という感情が「行動を起こさせるためのもの」だからです。**行動してしまったり環境が変わると、感情のパワーは落ちてしまう**ことが結構あるのです。たとえば、「試験に焦《あせ》って参考書を買ったら、気がすんでしまう」などもこれに当てはまります。

将来の危険を想定し、自分が努力することでなんとかそれを予防したい、というスタイルの人は、「自分の不安な気持ちも、自分が努力しない限り変わらない」と思っているフシがあります。

しかし、現実はそうではないのです。あなたが何か行動する、あるいは環境が変わってしまうと、その結果にかかわらず、自分の感情も落ち着いてしまう、あるいは違う方向に感情が向く、そういうことが多いということを、学んでほしいと思います。

外的環境が変わるのは自分では期待できませんが、**自分で「何か」をやることはできそうです。**

その「何か」は、感情が訴える方向の行動であればよく、問題解決や感情が訴える欲求を直接的に満たす行為でなくてもいいのです。

多くの人の現実で、有効に働いている「何か」を紹介しましょう。

## 神頼みの練習

「すべては自分の努力不足のせい」という思い込みや自責感をゆるめるために、いくつかのエクササイズを紹介しましょう。まずは、神頼みのエクササイズです。

「神頼み」と聞くと非科学的な感じがして、避ける人も多いかもしれません。非科学的であるだけでなく、やはり「努力を放棄する」という側面を嫌がる方も多いようです。

**図16　神頼みの練習**

うまく
いきますように…
神様ならうまいこと
してくださる…

**神様にお祈りすることで現実世界の責任を分散できる**

そもそも神様という概念が生まれてきたのは、人にはどうしようもないさまざまな現象があり、神様がいればそれを理解するためのひとつの解釈（物語）ができるからです。

原始人の厳しい環境の中では、自然や猛獣などからとても理不尽《りふじん》な試練を受けたでしょう。努力ではいかんともしがたい試練です。

将来やってくるそれらの試練に対して、単に「努力する」だけでは気持ちが落ち着かなかったから、神様という概念や祈るという手法が生まれてきたのだと思います（図16）。

いずれにせよ、**神頼みや祈りというの**

**は私たち人類が生まれてきたときから、あるいは学問が成立する以前から、私たち人間が慣れ親しんできたストレス対処法の1つ**だと考えていいのです。

現代の日本人にはあまり宗教を生活の基本にするという習慣がなくなりました。しかし、宗教が人生の基盤としてその人を支えていることは、世界の感覚からしたらとても普通のことなのです。だから私たちも積極的に神頼みを活用すべきだと思うのです。

どんな神様でもいいのです。あるいは占いなどでもいい、ゲン担《かつ》ぎという手もあります、これらによって本当に何かよいことが起こるというよりも、世の中のすべてを自分のせいにする「過剰な責任を背負いこむクセ」をゆるめられればそれで十分です。

**神頼みは、責任の分散作業でもある**と考えてもいいでしょう。将来の出来事に対して何の方法もない場合でも、神様に祈るということはできます。まさに、自分がやるべき最低限の責任を果たすことができるのです。

同時にこれをやることにより、自分はまったくの無力でもなくなります。だから昔から、お伊勢《いせ》まいり、お遍路《へんろ》めぐり、エルサレム巡礼、お百度まいり、滝行《たきぎょう》などのように神仏に祈る作業には、結構困難なプロセスが設定されているのです。「やった感」みたいなものがあったほうが、自分の最低限の責任を果たしたと感じやすいのだと思います。

いずれにしても、**自分なりの神頼みの方法を見つけて、自分を落ち着かせて、じっくり未来を待てるようにしたい**ものです。

これまでは、とにかく自分ができる範囲のことをやり続けて未来を迎える方法が主流だったでしょう。疲れ果てても準備するほうが尊敬されてきました。しかし、いまやＡＩの発達により、世の中がどう動いていくか誰にも読めない時代です。自分で考えつくさまざまな努力をしても、未来の危険を完全に避けることは、いっそう難しくなってきます。

それよりもある程度準備をして、**「消耗していない自分」で未来の変化に備える**ほうが、現実に対応しやすくなると考えたほうがいいでしょう。

## 守護神を持つ練習

防衛大学校の後輩にメンタルヘルスの講義に行った際、ストレスを感じたとき何をするかを聞いてみました。いろいろな意見があったのですが、シンガポールやタイの留学生が、「神様と話をする」と答えてくれました。

困ったとき、神様がいれば相談できますし、神様がアドバイス（お告げ）をくれることもあるでしょう。ただ残念ながら現代の日本人は、そのような宗教習慣を持つ人はそれほど多くはありません。

そこで、そんな人でも神様パワーを使えるようにしたのが、守護神エクササイズです。**自分が「守護神」と思う人、神、物（山、木、海、宝物……）をイメージ**します。そして、**自分が何かに悩んだときに、その人（物）に相談してみる**のです。いい答えがもらえるときもあれば、そうでないときもあるでしょう。うまくいかないときは、別の守護神に登場してもらってもＯＫです。宗教では一神教が多く、浮気は厳にたしなめられるでしょうが、さいわい私たち日本人の多くは多神教、いろいろな神様を信じてもよいのです。

この守護神の効果を強力にするには、感情に届くようにアプローチしたいものです。そのためには、「感情の言語」を使います。感情の言語とはイメージ、体感、時間、回数、雰囲気を用いて感情にアプローチする方法です。

できるだけ**その守護神の様子を具体的にイメージアップ**してください。さらに効果的にするには、**儀式的な空間をつくって雰囲気を体感**してもいい。お寺でも神社でも教会でも、音楽や装飾、空間、香りなどを使ってそれぞれ独特の荘厳な雰囲気をつくっています。また、**相談やお祈りは何度も回数を重ねてやってみる**（回数・時間を費やす）と、自分なりにしっくりくる守護神になっていきます。

私は、自分の祖父、祖母に守護神として登場してもらっています。祖父は60年前に私に「壮太」という名前をつけてくれた人で、私と同じ軍人でした。昔はとてもレアな名前だったのですが、令和になってがぜん注目される名前になり、みなさんに覚えてもらいやすくなったのも、祖父のおかげだと感謝しています。

## 他人頼みの練習（人を頼る練習）

4つの偏った思い込み（信念）は「自分はダメ、世の中は搾取的、他人は自分を攻撃する、未来は危険」というもので、これまで何度か出てきました。不安の第2段階になったときはこの思い込みが非常に強くなるので、人を頼れといっても難しくなります。

これを事前に少しでもゆるめておけば、第2段階になったときでも他者を頼りやすくなります。

そこで、**元気なときから少しずつ人に「何かを頼む練習」をしておく**とよいのです。

スポーツやサークルなど集団での活動をやっていると、それぞれの役割を持つ人が協力しあって、全体の力になることを実感できます。1人では動かない物事も、他者の力を信頼して、互いに頼りあう（＝協力しあう）と動く、という環境に慣れることができるのです。

昔は生活すること自体が困難だったので、いろいろなところで互いに助けあい、頼りあって生きていかなければなりませんでした。昭和の頃は、お醤油《しょうゆ》がなければ隣から借りてくるのが普通だったのです。

ところが、いまはなんでも1人でできてしまいます。人に頼るより、コンビニで、お金で、つまり自力で解決できてしまうのです。

便利で気を遣わないという利点はありますが、そうなると、もともと他人が怖い不安がりやさんは、**他人に頼ると「自助努力を放棄してダメになるのではないか」と思うだけでなく、「弱みを見せた部分を攻撃されてしまうのではないか……」という過剰な不安を抱えてしまいがち**なのです。

そうなると、「他人は自分を攻撃する」という思い込みを訂正する機会も少なくなってしまいます。ましてや、スポーツやグループ活動、チームでおこなう対戦ゲームなどのような集団活動に触れる機会が少なかった人が、社会に出て、しかもうつっぽくなったときに、人に頼るというのはかなりハードルの高い行動になってしまうのです。

人に頼る練習としては軽いものから始めるべきです。頼み方にも「作法」みたいなもの

### 図17　人を頼る練習（自分の弱みを見せる練習）

①今、これで困っている
…エクセル表がうまく作れなくて困ってます
…友人への手土産をどうしようかと悩んでいるの
②だから、こうやってほしい
…エクセルのここのやり方を教えてください
…おいしいスイーツのお店を教えてくれる？

があるので、それを覚えるといいでしょう。

**いま私は「これで困っている」。だから「（具体的に）こうやってほしい」という2つの要素でお願いする**のです（図17）。

ただ「これをやって」と言うのは、どうしても高飛《たかび》車《しゃ》な感じがして、人間関係を崩してしまいがちです。「これで困っている」と言うのは**自分の弱みを見せる練習**でもあります。

勇気を出して自分の弱みを見せてみる。それでも案外、人はそこを責めず、親切に対応してくれることが多い。その経験を積んで初めて、**「他人はそれほど怖くない、世の中は悪意ばかりではない」と**

**いう体験データを蓄積できる**のです。

また、「こうやってほしい」と具体的に案を示すことで、相手が案を考える手間が省《はぶ》けて、相手も協力しやすくなります。

2つの要素で依頼すると、依頼を受けてもらう体験が多くなります。その成功体験を積んでおくことで、4つの思考の偏りがゆるみ、少しだけ楽に生きやすくなります。また、**あなたがピンチに陥ったときに、他人のヘルプを借りられる力になっていく**のです。

## 好き嫌いや勘で決める練習

現代人の多くは高等教育を受けています。そこでは問題を論理的に解決するトレーニングを積んできました。何かトラブルがあったときは、その問題を解決することで不安を解消することも覚えてきたのです。

だから何かの選択をするときは、必ず論理的理由が必要です。

ただ、この理解だと、問題を分析《ぶんせき》して解決しさえすれば、不安がなくなることになりますが、人生はそれほど単純なものではありません。

実際は、不安は現実問題の難易度によってだけで生じるのではありません。これまで見てきたように、不安や疲労の第2～第3段階になってくると、**いつもはそれほど問題でないことでも、大きな問題だと感じられ、強い不安として感じられる**ものなのです。

問題解決の方法だけで考える人は、このときにも問題解決に必死になってしまいます。情報を集め論理的に考察し、いまできることまでをきちんと考えていくのですが、それでも不安は落ち着かないし、行動すらできない……となると、そんな自分へのダメ出しが多くなり、不安の闇堕ちモードに陥ってしまいます。

なかには、理性的な思考に自信を持っている人もいるでしょう。何か大きな葛藤《かっとう》が生じたときも、冷静に両案のメリットやデメリットを分析して決定し、行動できると思っています。

ところが、いくら冷静にメリット、デメリットを分析しても、不安や疲労の第2～第3段階になってくるとデメリットのほうだけが2倍3倍に大きくなって、どちらの案をとっても悲劇的な結末になるとしかイメージできなくなるのです。

そうなると、命がかかる（と感じられる）ような重要な選択を、簡単にはできなくなります。また、どちらの案もうまくいきそうもないのに、「どちらかを選択しなければならない」などと周囲から詰め寄られたら、よけいにプレッシャーでつぶれそうになってしまいます。

このように、**理性の分析で八方塞《はっぽうふさ》がりになると、行動しにくくなってしまうし（すくむ機能）、その苦しい状態からなかなか抜け出せなくなります。**

そういうときのためには、日頃から理性だけでなく、感覚や好き嫌い、勘で選択をする練習を積んでおくといいのです。

## 論理的でなくても全然問題なし！

言い換えれば、**論理的理由がなくても決めていい、**ということに慣れておくのです。

結局、不安の第2段階になると「分析」は効果が少なくなってしまうのです。それでも人生を選択しなければならない場合、**好き嫌いで決めたほうが消耗を避けることができるし、前へ進むこともできます。**

結果を見ても、おそらくそれほど悪い結末にはならないものです。少なくとも現代社会では命を取られることはないでしょう。

好き嫌いがあまりにも漠然《ばくぜん》とした尺度なら、「自分ならこれを重視するという軸」みたいなものを育てておく手もあります。

よくあるのが**「迷ったら、大変なほうを選択する」**という方法。大変といっても、それは行動するときの大変さです。実際は何もしない大変さのほうが大きいので、悩みによる消耗を総合的に大きくしない方法論だと考えることもできます。

もちろん逆に**「迷ったら、楽なほうを選択する」**とか**「早くできるほうを選ぶ」「コスパのよいものを選ぶ」**などでもOKなのです。

先の神頼みにも通じますが、風水《ふうすい》で決めるという手もあります。「自分の親だったらどうするか」「目標としているあの先輩ならどうするか」などで選んでも結構です。要は、論理的じゃなくていいのです。

**論理的でない決断をする自分がいる、そして、その決断でもそれほど悪いことが起こらない。**

この体験をすると、自分はそれほどダメではないし、世の中は搾取的でもないし、未来もそれほど危険でもない、という認識を育てることができるのです。

元気なときから、この勘で決める方法を練習したいものですが、ひとつの考えとして、

- **転職など「重大な結果に至る可能性の場合は理性でしっかり詰める」**
- **今日のランチの店など「それほどの影響のないことは勘で決める練習をする」**

と分けておくと、勘で決めることに日頃から慣れることができるので、おすすめです。

## 集中して悩み、放置する練習（インターバル思考法）

悩んでいると、どうしても別のことで気晴らしをしたくなってきます。しかし、そういうとき「自分は問題から逃げている」と感じることもありますし、周囲の人の中には「問題から逃げてはいけない」と言う人もいるでしょう。

このような指摘の背景には、**「悩みに対して人は努力を続けるべき」**、**そして「自分で問題を分析し、情報を収集して解決策を導くべき」という信念が隠れている**ものです。

問題分析や情報収集のためには、休んでなどいられない、寝てもいけない、遊ぶなんてもってのほか、それらは怠惰《たいだ》だという発想です。

じつは、これも不安や疲労の第１段階をメインにした思考でしかありません。

私たちが**本当に困った状態になる第２〜第３段階では、脳も疲労しており、**集中して考えつづけても、なんらよいアイデアや柔軟な発想が生まれないのです。思考も不安のバイアスを受けて非常にネガティブになっているので、**長く考えていても、悪いイメージがふくらむだけ**です。

こんな状態のとき必要なのは、努力ではなく「工夫」です。

疲れ果ててバイアスのかかった頭を上手に動かすコツは、**短く考えることを何度かくり返して答え（納得）にたどり着く方法**です。

長く考えて多方面から考えれば考えるほど、ネガティブな情報ばかりが増え、かつ脳も疲労して、結局ネガティブな結論を何度もなぞるだけになってしまいます。「そのことについては何回も考えました」という人がいても、結局レコードの針飛びのように同じ思考を何度もなぞっているだけのことが多いのです。

この状態を避けるには、誰かと話したり（カウンセリングなど）、あるいは書いたりしながら思考を進めると、比較的ポジティブな展開をたどりやすくなります。

いずれにしても、**1人で考えようとする場合は「とにかく長考は避けるべき」**ということを覚えておくといいでしょう。

時間を決めて、たとえば10分ほどそのことについて集中的に考えてみる。そこで結論に至る必要はありません。その後はインターバルをおき、温めておく、つまり保留しておくのです。しばらくするとまた気になるので、そのときにまた、短く考える。

不安なときの思考はあまりいい展開にはならない。とはいえ、不安なときはどうしても考えてしまうものです。それを考えないよう我慢するより、このインターバル思考法で、デメリットを少なくして考えていきましょう。

よい考え、落ち着く結論にたどり着けばそれは最高ですが、そうでなくても、このような**インターバル形式で集中的に悩むことによって、ネガティブ思考の連鎖《れんさ》にはまらなくてすみますし、時間や場面を変えることで、思考の焦点《しょうてん》も変化しやすくなる**のです。

何よりも長く悩んで消耗することを避けられるので、「不安の闇堕ちサイクル」（80ページ**図10**）を予防できます。

できれば、第1段階のときから、このインターバルで悩む方法を練習したいものです。悩みごとが生じたら、第1段階では長考することもできるかもしれませんが、意識して、集中して短く悩み、そして他人を頼り、第三者的な意見などから刺激を受けることをこまめにくり返しましょう。

このプロセスに慣れ、また、その効果を実感しておきたいものです。

**まとめ**

・「すべては自分の努力不足のせい」という思い込みや自責感をゆるめる
・神頼み、他人頼み、好き嫌い・勘頼みで決めても、それほど悪い結果にはならない
・悩むときは「集中して短く悩み、放置する」をくり返すインターバル思考法

## プチ楽観主義 4

# 苦しみ依存をやめて楽しみを増やす

## 仮想現実をケアして不安を軽くする

不安がりやさんの話を聞いていると、客観的に見える事実とは異なる現実を見ている感じがします。客観的には小さなミスでしかないのに、「自分だけクビになる。どこにも就職できず路頭に迷う。誰も助けてくれない」など、普通の人ならそれほど真剣に考えないような将来のリスクに対し「本当に起こる」という強い現実味を感じているのです。

当事者が見ている世界のことを、私は**仮想現実**と呼んでいます。周囲には現実離れしたような認識に思えるかもしれませんが、本人にとってはまさに「現実」なのです。

カウンセリングなどでは、この本人だけに見えている現実を否定せず、その仮想現実のつらさに共感することで、本人の孤独感を和《やわ》らげていきます。

この仮想現実はクライエントだけではなく、すべての人が持っているものです。すべての人の仮想現実は、それぞれ少しずつ違います。仏教でいう無常《むじょう》や色即是空《しきそくぜくう》という概念も、おそらくこの仮想現実と客観現実の差を表現しているのでしょう。

仮想現実は、客観現実の影響を当然受けています。

ですから、私たちが仮想現実内で悩んでいるときも、まずは客観現実で生じている問題を解決することで、仮想現実の苦しみが減ることが少なくありません。

ただ、不安や疲労の第2~第3段階になってくると、現実と仮想の距離がどんどん開いてくるのです。客観現実で何かが好転しても、仮想現実まで好転してくるとは限らないのです。

そこで本章では、仮想現実そのものにアプローチしてケアする方法を紹介します。

客観現実と仮想現実は同一のものではないので、じつは上手に**仮想現実を変えられれば、客観現実がそのままであっても、その人の苦しみや不安はかなり改善される**のです。


仮想現実を変えるための方法論は、「感情」そのものの扱い方とほとんど同じです。

**感情は仮想現実を変えます。仮想現実を変えると感情が変わります。**

先に紹介しましたが、感情にアプローチするには「感情の言語」を使う必要があります。

感情の言語はイメージ、体感、時間、回数、雰囲気です。

これらを上手に使うことで、感情をケアし、仮想現実をケアすることができるのです。

具体的には、**感情や仮想現実は、いままでとは違う新しい体験、新しい行動をすると変わる**、と思っていただくといいと思います。体験、行動することで、イメージ、体感、時間、回数、雰囲気からアプローチできます。その中でも、特に回数と時間をかけることと、イメージや雰囲気、体感のビビッドさ（鮮明さ、真剣さ）が重要です。

考え方や視点を変えるのは、不安の第2～第3段階になると難しい作業になります。考え方や視点にこだわらず、環境、行動、付き合う人、体感、雰囲気を変えるのです。

また映像やVR（バーチャルリアリティ）技術のおかげで、新しいイメージを鮮明に感じることもできます。これらをうまく使って、仮想現実をケアしていきましょう。

## 不快情報はできるだけ減らす

### 1 嫌な刺激は入れない・逃げる

仮想現実のケアをするためには、情報のケアをすることが手っ取り早いのですが、その中でもまず優先したいのが**「これ以上嫌な刺激を受けない」**ということです。

不安の第2～第3段階になってくると、嫌な刺激が2倍3倍強くなってきます。

元気なとき、あるいはほかの人には普通の日常であっても、第2～第3段階になっているその人にとっては、「苦しい刺激を連続して受けつづける状態」になっているので、決して回復する方向に動いていかないのです。

まずはこれ以上、不安がりを悪化させないためにも、とにかく嫌な刺激を受けないようにしてほしいのです。

**嫌な刺激は多くの場合、仕事**（行為）**、場所、人から受けている**でしょう。

具体的には、**それらを避けることを躊躇《ちゅうちょ》しない**ということです。

たとえば、冒頭の不安がりやさんのBさんの悩みを、ほかの人に相談すると、「Aさんたちは、そんな意地悪な人ではないよ、もっとあなたのほうから積極的に話をしてみたら」などとアドバイスしてくれるでしょう。第1段階なら、そのアドバイスも有効です。

ところが、第2～第3段階では、会えば会うほどつらくなり、ネガティブな記憶が補強されてしまうのです。

そういうときは、それ以上ネガティブに働きそうな刺激を自分に入れないことです。

体調がとても悪いときは、病院で「面会謝絶」になります。普通なら会うと元気の出る家族や恋人でもダメなのです。いまは、それと同じような「状態」だと思ってください。

ですから、何事もネガティブに感じてしまう自分がいたら、**まずは自分の悩みの種になりそうなことから距離をとる**ことから始めてください。

ところが、第2～第3段階になってくると、自責の念や不安が強くなり、たとえばある人を避けたり、仕事を辞めると、この先の人生でとんでもないことが起こる……という発想になってしまい、適切な「避ける」という行為ができなくなってくるものです。

できれば元気なときに、調子が悪くなったら仕事を1週間休むとか、実家に帰るとか、ホテルで避難する……などの**避難計画を立て練習しておく**といいでしょう。

どうしても物理的に距離がとれない場合は、**時間的・イメージ的にでも距離をとる工夫をする**のも有効です。

育児中でなかなか家を空けられない人も、さまざまなサポートを受けて、半日でも数時間でも、嫌な刺激から離れてほしいと思います。

それもできない、物理的に許されない場合は、**YouTubeやTikTokなどに没頭《ぼっとう》する時間をつくる**のも効果的です。映像や音楽を使って仮想現実のイメージを乗っ取ってくれるでしょう。

問題解決視点だけを持っている人は、このような刺激から離れる行為を「逃げ」と考えてしまいがちです。また自信もなくなっているので「いったん逃げてしまうと、とことんダメになる」という不安も強くなりがちです。

逃げること、避けることについて、どうしても強い抵抗のある人は、本当に信頼できる仲間から**「逃げていいんだよ」というメッセージをもらうと、行動しやすくなる**ものです。

また、そのような本、ネット記事、書き込みを読んで、勇気を出す手もあります。本書もその一助です。

ただ、本とかネットは逆の**「逃げずに頑張れ」という励まし系の情報に当たることもあるので、その場合はスルーし、逃げてもOKという内容だけ取り入れる**ように、選択していかなければなりません。それができない状態のときは、情報収集自体を控えたほうが無《ぶ》難《なん》です。

## 2 「癒し系」ストレス解消法を育てておく

嫌な情報を避けると、不安のエスカレーションによるエネルギー消耗をある程度予防することができます。

しかし、物理的・時間的に離れても、少し気を抜くと、過去のつらい記憶などを掘り起こしてまた不安思考が走り出してしまいます。エネルギーケアを考えると、この不安の思考の連鎖をなんとかしたいものです。

そこで、イメージ的に離れられるアイテムをいくつか準備しておく必要があるのです。

一般的にいう**「気ぞらし（気をそらすもの）」「気晴らし」「リフレッシュ」**などのツールですが、じつはストレス管理においては、それを持っているか否《いな》かで、不安の第2〜第3段階の悪化を予防できるかどうかが決まるぐらい、とても重要な要素なのです。

「気ぞらし」などのツールは、何が効果的か、個人差が非常に大きいので、これをやればいいという正解はなく、**試行錯誤で身につけ、あるいは育てていく**という性質が強いものです。

まず「試行錯誤」ですが、元気なときに、できるだけいろいろなストレス解消法を試してみてほしいと思います。

よいストレス解消法のポイントは次の2点。

**①不安をある程度忘れる力があるか**

**②それをやることで総合的にエネルギーを使いすぎないか（ほかの苦しさの悪化を含め）**

たとえばスポーツや旅行、一晩中のゲームなどは結構楽しいし、達成感もあったりして、その間は嫌なことを忘れられます。私は、こういう即効性のあるストレス解消法を「ハシャギ系」と呼んでいます。

**ハシャギ系は楽しいのですが**、その行為自体で睡眠不足になったり、エネルギーを使いすぎて、**総合的に考えると、エネルギーケアになっていない場合が多い**のです。

一時的には楽しくても、そのことをやればやるほど落ち込んでしまう場合もあります。

特に若いときはエネルギーがあるので、ハシャギ系だけで不安に対処できても、35歳以降になるとハシャギ系をやると総合的にマイナスになってしまうケースが増えてきます。

買い物などもハシャギ系の一種で、そのときは楽しく興奮しても、その後の自責の念や不安などが大きくなってしまうことを考えれば、総合的にはエネルギーを消耗してしまう行為と考えていいでしょう。

そこで、「快感や達成感などは薄味だが、ある程度は不安の連鎖思考を追いやることはできるし、それをおこなうのに、それほどエネルギーは使わない」ストレス解消法を見つけておくと、第2～第3段階に落ちるのを予防する力になってくれます。これを**癒《いや》し系ストレス解消法**と呼んでいます。

そんなストレス解消法は、疲労や不安の第2段階になったときに、急に見つけようと思ってもなかなかうまくいかないものです。新しいことをやる気力が湧《わ》かないからです。

また、薄味の癒し系は、快を感じにくくなっている第2～第3段階では、ちっともそのよさを実感できないし、実際やっても楽しくないのです。

癒し系のストレス解消法を見つけるのは第1段階のときだと考えてください。

何が自分に合うかは、やってみなければわかりません。試行錯誤です。やってみて、ある程度楽しいか、エネルギーを使いすぎないかをチェックして、自分に合うものをいくつ

**図18　癒し系ストレス解消法を育てておく**

か見つくろっておいてほしいのです。

そして、そういうストレス解消法は**「育てておく」**必要があります。

癒し系のストレス解消法は、たとえば**料理、本を読む、推し活をする、動画視聴、動画作成、ヨガやピラティスなどの軽い運動、散歩、おいしいものを食べる**などですが、これらは、初めてやったときから強力な魅力を感じるものではなく、やっているうちに、じわじわとよさを実感できるものが多いのです（**図18**）。

また、仲間ができたり、道具を揃《そろ》えたりすることで、楽しみも増えます。

第2〜第3段階になったときに、急に道具を揃えたり仲間集めから始めようと思っても難しい。だから、あらかじめいくつかの癒し系を選んで、育てておくべきなのです。

ただ、育てるは「続ける」ではありません。むしろいろいろなバリエーションを揃えておいたほうが、使いやすいものです。というのも、第2～第3段階になったときの自分の状況や周囲の状況は読めないからです。

料理一本だけだと、たまたま胃腸が悪いときに第2段階になってしまうと、料理をしようと思わなくなってしまうでしょう。ジョギングだけに頼っていると、膝《ひざ》が痛いときには使えません。

だから**いろいろな趣味に手を出し、そのよさを実感し、ある程度育てておくといい**のです。人生のいろいろなステージで彩《いろど》りにもなりますし、第2～第3段階でエネルギーケアが必要なときの重要なツールになってくれます。

## 快情報はどんどん増やす

### 1 肯定感にひたる「快感シャワー」

不安の第2段階の人の仮想現実は、否定的な情報でかなり荒廃《こうはい》しています。また、その視点で世の中を見ているので、よい刺激は入りにくく、なかなか修正もできない状態です。

不安がりやさんを少しでも改善するには、仮想現実に悪い情報をこれ以上入れないだけでなく、できればよい情報をどんどん供給したいものです。

まずはそれほど感情の力が強くない第1段階のときに、**物事のよい面に注目する練習をする**といいでしょう。

もともと物事には自分にとってよい面、中間な面、悪い面などの側面がありますが、どうしても私たちは第1段階の通常のときでさえ、ネガティブなほうを注目しがちです。

これもやはり、原始時代の命の危険を避けるためのバイアスの結果です。

よい面といっても、特別なことでなくていいのです。非常に安全で整理された現代社会においては、**身の回りのものは、その気になって見てみれば、かなりよい面をたくさん持っている**場合が多いものです。

たとえば手近なペットボトル飲料を見てみましょう。「あー、はいはい。いつも飲んでるやつね」と、平凡すぎてイマイチのように感じるかもしれませんが、ロゴやパッケージの色、味など、どの要素をとっても、その開発者や生産者が必死になってつくった「よりよいもの」の集合体です。

たとえば、「コカ・コーラ」の流れるような英文ロゴは、19世紀末にアメリカで流行していた「スペンサリアン体」という書体をもとにつくられているそうです。なるほど、世界を席巻《せっけん》した美しいロゴですね。

そんなふうに、視点を変えて身の回りの「よい面」を意識できれば、私たちの仮想現実はだいぶ色合いが違ってくるでしょう。

「自分はダメで、他人は自分を攻撃し、世の中は自分を搾取し、未来は危険だ」という思い込み（信念）によって支えられた仮想現実ですが、本当は現実世界のかなりの部分が、他人のさまざまな努力や願いが結実した「よいもの」で構成されています。そんなものに囲まれていると思うと、ちょっとうれしくなってきませんか。

こんなふうに認識できると、偏りが少し修正されます。そして、「そんな世界にいる自分もそんなに悪いものじゃないな」と感じやすくなるのです。

人工物だけじゃなく、自然あるいは出来事、人、物、時間、**なんでもいいので「よい面、感謝できること、感心できること、学びになること」などを見つけて、それを実感**してシャワーのように浴びる。これを「**快感シャワー**」と呼んでいます。

これは、いわゆるポジティブシンキングとはちょっと違います。ポジティブシンキングは、どんなものにでもポジティブな側面を見いだそうとするものですが、ちょっと感じ方を捻《ね》じ曲げる傾向があります。

快感シャワーは、現にあるよいもの、ニュートラルなものを、ただきちんと再認識しようとするものです。感じ方を強制的に捻じ曲げる必要はないのです。

快感シャワーは、仮想現実をできるだけニュートラルにしていくための栄養補給と考えてもいいでしょう。

快感シャワーは、一度浴びれば性格が変わるというものではなく、毎日三食食べているように、気がついたときにシャワーを浴びて、仮想現実をこまめにケアしていくツールです。

**ただ、この快感シャワーは不安の第２～第３段階になると急にできなくなるものです。そのときは、やらなくてていいのです。むしろやってはいけません。**

視点を動かすよりは、体を休め刺激から離れ、エネルギーを補給する状態になっているからです。第２段階になったら、もうすでに視点はある程度ネガティブ側に固定されています。視点の変更にこだわっていると、できない自分を感じ、そして努力にエネルギーを使い、自信を失ってしまう例の「不安の闇堕ちサイクル」（80ページ**図10**）にはまってしまうことになります。

むしろ、この快感シャワーがうまくいかないなと感じるときは「第2段階になっているという兆候《ちょうこう》だ」と理解するといいでしょう。ぜひ視点の修正にこだわらず、休養のほうに舵《かじ》を切ってほしいと思います。

## 2 自己イメージを「体験」でアップ

仮想現実の中の「自己」イメージをより肯定的なものに変えられるなら、それは大きな波及効果があります。

通常、自己イメージを変えようとするとき、何か言葉や概念で自分を肯定的にとらえようと努力するかもしれませんが、それには限界があります。それは理性だけのアプローチだからです。

**仮想現実で自分のイメージをよくしようと思ったら、「体験」すること**です。実際に何かをおこない、その成否だけでなく、周囲の人からのリアクションや自分の行動を観察し、五感や時間、回数、雰囲気などの「感情の言語」から十分な肯定的刺激が入ると、仮想現実内の自己イメージが改善されていくものです。

たとえば「自分はできる、自分は有能だ」などと何回も唱えるより、プロローグで紹介したエクササイズ（26ページ**図3**）のように、背伸びや呼吸法などで体をゆるめて、リラックス感に注目するほうが「リラックスしようとして、それができている自分」ということが無意識に伝わり、自己イメージを改善・強化するのです。

逆に体が緊張しているのに「自分はできる、自分はやれる」と呟《つぶや》けば呟くほど、その矛盾《むじゅん》を無意識が感じて、「無理やり思い込もうとしている自分」という悪い自己イメージになってしまいます。

たとえば**「人に優しい自分、人を恐れない自分」というイメージを持ちたければ、怖くてもまず誰かに声をかけてみる体験をするのが一番**です。すると相手のリアクションが返ってきます。もちろん嫌なリアクションを受け取ることもあるかもしれませんが、案外いいリアクションを受け取った場合は、その体験から「自分は世の中に影響を与えられるし、他人もそれほど攻撃的ではない」というイメージを強化することができるのです。

体験を避け、世の中をただ観察しているだけでは、このような前向きの変化はほとんど起こりません。

自分で動けば、たとえ相手のリアクションが悪くても、少なくとも自分のリアルな声、あるいはリアルな行動が、仮想現実での「自分の動き」としてインプットされるのです。**たくさん動けば動くほど、「行動できる自分、働きかけられる自分」のイメージが補強されていきます。**

ですから、**まず挨拶《あいさつ》をすることから始める**といいでしょう。

対人恐怖がある人は挨拶さえとても難しいことです。そうでなくても、挨拶というのは他者にこちらからアプローチする作業なので、ついつい避けがちになるものです。だからこそ、小さいときから「挨拶をしなさい、挨拶は大きい声で」などとトレーニングされてきたのです。

挨拶は人間関係をよくするという意味もあるでしょうが、それ以上に**「挨拶できている自分」という自己イメージをつくり上げる**意味合いのほうが大きい気がします。たとえ挨拶に対するリアクションがなくても、大きな声で、にこやかに挨拶できる自分を意識できるだけで効果があるでしょう。

## 3 「感謝」は思えば3倍、動けば3乗（9倍）

挨拶と並んで昔から人生訓としてよく言われているのが、**「感謝の気持ちを持て」**ということです。これも仮想現実を改善するために非常に効果があると思っています。

私が紹介しているメンタルトレーニングでも、感謝できるポイントをできるだけ多くみつける練習などをしています。本章で紹介した「快感シャワー」でも、感謝できることは「快」として意識するのがコツの1つです。

私たちの仮想現実は放っておくと、「自分はダメ、他人は攻撃的、世の中は搾取的、未来は危険」という偏った視点で構成されてしまいがちですが、時折、**感謝ができるような事象を認識できると、「世の中は好意的」「自分は搾取されず、自分は助けられている」と感じることができる**のです。

「感謝する人はよい、感謝できない人は悪い」といった道徳的な話ではなく、できるだけ感謝できるような状況を見つけられると、自分の仮想現実がよい状態に整っていくと考えてほしいのです。

まさに、「感謝は人のためならず」です。

ただ、このエクササイズはやってみると結構難しいものです。「こんなことでは感謝できない」と感じることが多いからです。

**感謝できるかどうかは期待値との関連が非常に大きい**のです。自分は本来これぐらいの対応をされるべきだと高い期待値を持っていると、何かしてもらっても感謝どころか不満を感じてしまうからです。

ですから、感謝できる状態を自分でたくさん見つけるには、同時に、**できるだけ期待値を低くする練習**をしなければならないのです。

コツは、**相手の立場になって考えてみる**ことです。レストランで食事をするときに、私たちはどうしても払うお金に料理が釣り合うかどうかという視点から評価してしまいます。

私は自衛隊にいたときに、食事をつくる側の仕事を体験させてもらったことがあります。食事をつくる側には、それなりの努力や気遣いやスキルが必要になります。昼食をつくるのに早朝から仕込みをすることなども珍しくありません。同じ昼食でも、金額からの視点だけではなく、相手の労力や気遣いの視点から見ると、ありがたいと感じやすくなるでしょう。

また、戦争や災害のことを考えると、このように平和な環境で食事を楽しめること自体が大きな幸せと思えるはずです。

くり返しになりますが、道徳的に感謝をするのではなく、**感謝を感じたほうが**私たちの仮想現実が穏やか、つまり**自分自身が幸せになりやすい**のです。

それだけではありません。感謝には、仮想現実だけでなく、客観現実の相手や世間を変えるパワーがあるのです。

私は「**感謝は思えば3倍、動けば3乗（9倍）**」と言っています。

いまお話ししたように感謝のポイントに気づき、**ありがたいなと思うだけで、体の緊張感もゆるみリラックスできるようになり、楽に過ごせる**ようになります。また、笑顔が増えて、他者もそれを見てあなたに好意を持ちやすくなります。さらには警戒して見ていた世の中への否定的な視点もゆるむので、世の中から嫌なことが少なくなったように感じます。これらが3倍効果です（図19）。

「動けば3乗（9倍）」とは、**感謝を行動に移すことにより、客観現実へより強い波及効果がある**ことを表現しています。

感謝できることがあったら、ぜひそのことを相手に伝えてほしいのです。相手に伝えれば相手はうれしくなる。そしてその表情を見て、自分は相手を喜ばせられる人間だということを実感できます。

さらにうれしくなった相手からは、もしかしたらいわゆるお返しみたいな親切が返ってくる可能性があります。そういう機会が増えると、あなたのまわりの環境がいっそう安全で愛を感じられるものに変わっていきます。その可能性を込めて3乗（9倍）効果と呼んでいるのです。

インターネット上で、レストランの会計時に、「ごちそうさま」「おいしかったです」

図19　感謝は思えば３倍、動けば３乗（９倍）

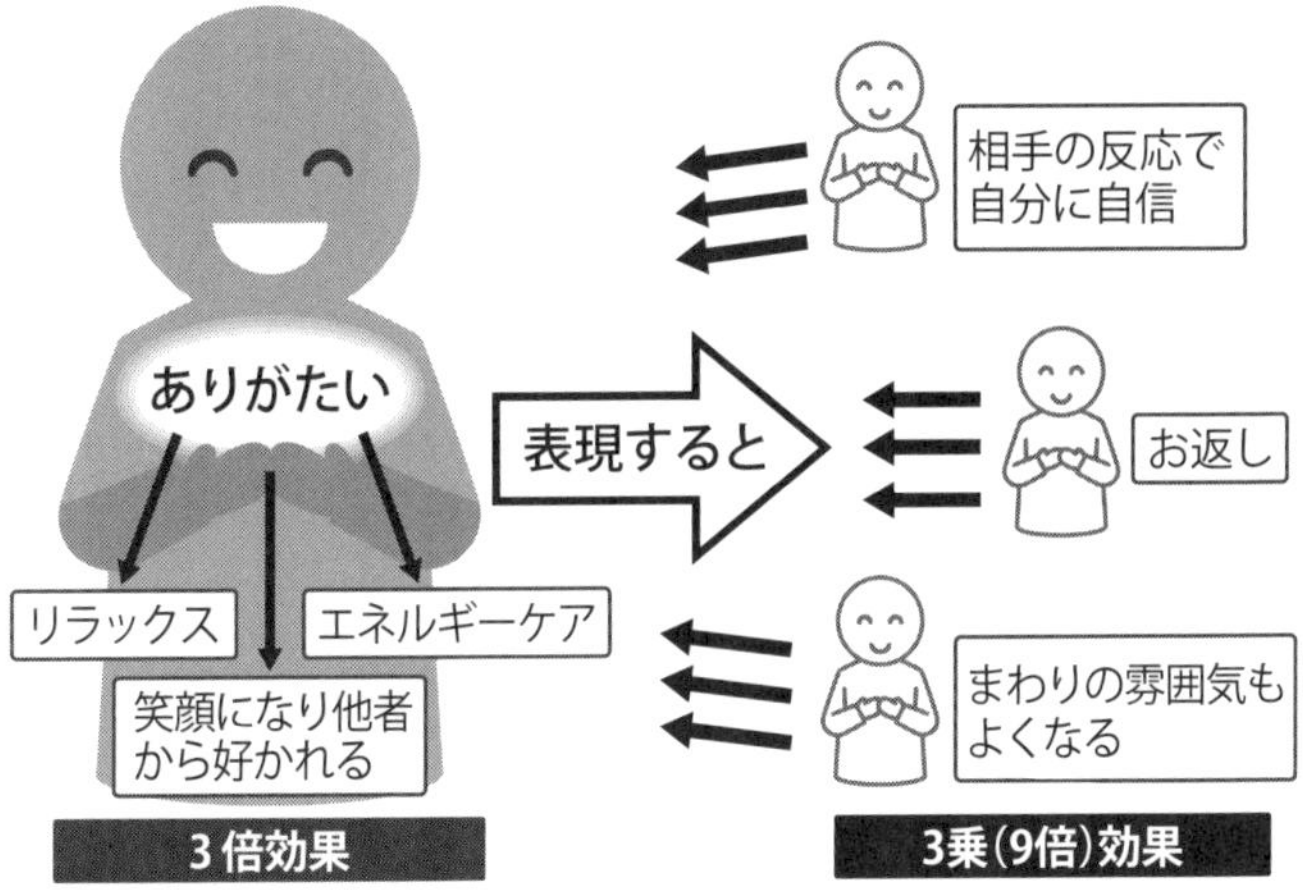


「ありがとうございました」などと言うことの是非《ぜひ》が論じられていました。「お金を払った対価で食事をしたのだから、お礼の言葉を言ったり感謝したりする必要はない」という人もいました。

そういう理屈の話でなく、感謝できるタイミングがあれば、**積極的に感謝を感じたほうが仮想現実を穏やかにできるし**、それを積極的に表現すれば、客観現実も改善される可能性が大きくなるので、絶対的にお得なのです。

## 4　ことわざ、格言で視点を変える

特に悲惨《ひさん》でもない普通の日常を、よりポジティブに受け取るためのコツとして

「言葉」を使うという方法も有効です。

不安がりやさんは気づかないうちに、どうしても自分を守るための4つの偏った思い込みで世の中を見てしまいます。そんなときに自分の好きな格言などを思い出してみると、冷静な視点を復活させることができ、自分の仮想現実をよりニュートラルに戻しやすくなるものです。

先に紹介した「ニーバーの祈り」（140ページ）は、私に「自分ではどうにもならないことがある」という現実を思い出させてくれます。過剰な期待値を修正してくれるのです。もう1つ、私が自分によく言い聞かせている戒《いまし》めに、**「『正しい』『普通』『常識』と思ったら、自分が間違えている」**があります。

正しさや普通、常識というのは価値観です。逆にいうと、そういう言葉が出てきたときは、自分が思考停止してしまっていることが多いのです。

「普通は」とか「○○が正しい」と主張したあとで冷静に振り返ってみると、必ずといっていいほど、自分が間違えている部分を見つけることができるのです。これは恐ろしいぐらい、100％の確率です。

そんなときは当然、客観現実の他者や社会に対して不適切な反応をしてしまうし、それ以上に自分の心の中で、不必要な不快を感じ、エネルギーを消耗してしまいます。おおらかに過ごすためにも、この自戒はかなり有効だと思っています。

じつはこの自戒にたどり着く前、防衛大学校時代には**「つねに、一歩下がれるスペースを持っておく」**べきだと学習していました。当時、大学校で国際関係論を勉強していたのですが、国際関係論はいわゆる「情報戦」であるので、昨日まで正しいと思った情報が今日の情報ではまったく違う位置づけをされてしまうことがあるのです。

だから、自信を持って何かを主張しすぎてはいけない、世の中はコロコロ変わる、真実はそれほど確定したものではない、と学びました。

そして、カウンセラーとなってからも、私の人生訓は増えていきました。

まずは**「人は変わりやすいものだ」**ということに衝撃《しょうげき》を受けました。「人は」というより「感情は」と言い換えたほうがいいかもしれません。本書でお伝えしたように、特に不安や疲労の3段階で別人のように変わってしまうのです。

カウンセリングの場で、「こうします」と言っていたクライエントが、数日経つとまったく別の行動をとっているのは、ごく普通に起きること。人は全然論理的じゃないのです。

変わりやすいというのはクライエントの感情だけではなくて、**人生そのものが変わりや**

**すい、読めないもの、**と感じています。

クライエントの話を聞いているうちに、ある行動をとらないと状況は悪化するばかりだと感じて、必死にアドバイスをすることがありました。ところがこれも数週間経ったら、まったく違う展開になっていき、アドバイスは無効どころか、逆にクライエントの足を引っ張ってしまっていたのです。

**「諸行無常《しょぎょうむじょう》」**（世の中の現象は常に変化しつづけ、不変のものはない）とか**「人間万事塞翁《にんげんばんじさいおう》が馬《うま》」**（人生の幸・不幸は予測できない）とかいう言葉がありますが、本当にそのとおりだなといまは思っています。

いま見える表面的な問題やつらさ、確信、信念、感情、さらには世の中の動きなども、本当に変化しやすく移ろいやすいものなのです。逆にいうと、そもそも完全には読めないものなのだと理解したほうが付き合いやすいと感じています。

その**読めない人生の中を進んでいくには「勇気」が必要**です。高校の教科書に紹介されていた梶井基次郎《かじいもとじろう》の小説（『闇の絵巻』）の中に**「裸足《はだし》で薊《あざみ》を踏んづける！」**という文章がありり、妙に印象に残っていました。闇の中、不安でいっぱいになりながら敢然《かんぜん》と一歩を踏み出す……いまはその意味がうっすらとわかるような気がします。

ほかにも先人の、さまざまなことわざや格言があります。

- **案ずるより産むが易《やす》し**
- **始まったら終わったようなもの**
- **下手《へた》の考え休むに似たり**
- **取り越し苦労**
- **下衆《げす》の勘繰《かんぐ》り**
- **急がば回れ**
- **五十歩百歩**
- **心配事の九割は起こらない**

もし気に入ったものがあれば、自分がネガティブになりはじめたときに呟いてみるといいでしょう。

## 5 楽しいイメージ力を鍛える

ここまで、不安が強いとき、エネルギーの消耗を避ける方法をいくつか紹介してきました。不安が強いときには、何か集中できて、それほどエネルギーを使わないアイテムやストレス解消法で気をそらすことが重要でした。

その後は、〈プチ楽観主義5〉で紹介する「上手な反省会」（227ページ）をするといいでしょう。自分の価値観や期待値を修正するとてもいいチャンスになります。

さらにもっと体質改善を進めようと思うなら、できるだけ不安でないとき、つまり第1段階の状態で、将来こうなるだろうという**「ワクワクするような、よいイメージを広げる練習」をする**といいのです。

よく思いが現実化するといいます。たしかに、イメージをしたからそうなるという部分もあるかもしれませんが、より重要なのは、**よいイメージをしているときは、体がゆるんで、エネルギー消耗が少なくなる、つまり未来へのよりよい準備ができる**ということではないでしょうか。

不安がりやさんは、不安イメージが優勢になりがちです。そうなると「不安そのものの不快感」と「不安によるエネルギー消費」の、二重の苦しみが生じてしまいます。

でも、**よいイメージを広げられているときには、この2つの苦しみが減っている**のです。頭もクリアになるし、不必要な警戒心もなくなるので、チャレンジもしやすくなるし、エネルギーもあるので努力も継続できます。自然に運をつかむことも多くなるでしょう。

たとえば今日の仕事のことを考えて、「あれをしなければならない」とか「これをしないとこう失敗するのではないか」などというネガティブなイメージだけを持っていると、仕事に行く前から疲れ果ててしまい、当然よいパフォーマンスは得られません。

また、上司からチャンスを与えられても、「チャンス」と思わず「負担」と感じてしまうでしょう。

一方、「今日こうすれば、もっとうまくいくかもしれない」「こういう展開で可能性が広がるかもしれない」という楽しい想像力を働かせると、その間、先の２つの苦しみを低下させることができ、チャンスも逃しません。

ただこれが難しいのは、不安や疲労の第２〜第３段階のときにはどうしてもネガティブな想像力のほうが増してしまうので、一時的に楽しいイメージが浮かんでも、すぐにそうならないかもしれないと否定する想像が走ってしまいがちなのです。

だからあくまでもこのエクササイズをするのは、自分が元気で調子がいいときだけにしておくとよいと思います。

なかなかいいイメージが走らないときには、無理をして必死にトレーニングをするより、「自分で意識できていなかったが、不安や疲労の第２段階に来ているのだ」と思って、本書で紹介してきた、距離をとる、休むなどの対処をしてほしいのです。

また、用心深い方の中には、楽しい想像をするのは逆にハードルを上げてしまって、「普通の日なのに自分のイメージよりも楽しくなかったら、落ち込むのではないか……」と考える人もいます。

たしかにそういう側面もあるでしょう。だからこそ第2~第3段階ではやめたほうがいいのです。

第2~第3段階では、「今日はとにかく一日無難に過ごせればいい」というぐらいのイメージを持って職場に向かったほうが、楽に過ごせるはずです。そうやって期待値を低くし、感謝視点から見る体験は、**「人生、生きているだけで丸儲け」**的な価値観へ修正するチャンスにもなるのです。

いずれにしても、明日の客観現実の良し悪しをいうよりも、よい仮想現実を持つことで「いま」の自分をケアすると思ってほしいのです。

**よいイメージを走らせているいまの時間が、あなたの人生を豊かにする**のです。

旅行は計画するだけで、幸福度が上がると報告されています。

その視点で考えると、将来の楽しいイメージだけでなく、**過去の楽しいイメージを思い**

**描くことも有効**です。過去のことを考えていても成長しないと思うかもしれませんが、過去のよいイメージにひたっている間は、いまのあなたのケアになっているのです。

だからこそ、高齢になると昔のよい思い出話をしたくなるのです。昔の思い出話をすればするほど、メンタルヘルスが向上するという研究もあります。

昔話を思い出すとき、よいことだけでなく、つらいことを思い出すこともよくあると思います。戦争や災害のつらい体験を何度も話すお年寄りは多いものです。

つらいことを思い出しやすいのは、悲劇を避けるための本能です。周囲に危険を伝えつづける意味もあります。ところが、記憶とともにそのときの感情も再現されるのでつらさが生じます。

一方で、話した後は周囲に危険を通知して少し安心できること、その悲惨なときと比べたら「いまはましだ」と感じられる部分があるのです。ですから、やはり**過去のつらいことでも、話をしたほうが楽になれる**ものなのです。日記などで過去を振り返ってみましょう。

## 苦しみ依存をやめ、楽しむことをためらわない

### 1 苦しみ依存の生き方をしている？

苦しいことがあっても、それを乗り越えると達成感が得られます。自信もつきます。

ただ、このパターンを多用する人は、自信を回復するために、あるいは快感を得るために、**「まず苦しまなければならない」という公式が出来上がってしまっている**場合があります。

苦しみがなければ、快を感じられない状態になっているのです。それで成功していたとしても、その生き方は苦しみの多い生き方なのです。

マラソンした後のビールはうまい。

それをよりうまくするために、必ず夕食前にはマラソンし、しかもそのマラソンも息が絶え絶えにならないと、自分の能力を伸ばせない、と考えている人がいました。

残念ながら、早死にしてしまいました。わかる気がしますよね。

つまり、**私たちには、苦しみにはまってしまう性質がある**のです。

「問題を克服しなければならない」「成長しなければならない」と思い込む人ほど、苦し

図20　苦しみ依存をやめる

みを求めてしまいます。

それがもっと極端になると、**苦しむことでようやく「生きている」と実感する**場合さえあります。周囲から見れば、わざとつらい恋愛だけを選ぶ人、体を傷つけて「生」を感じられる人、わざと不幸になって周囲の哀れみを求める人……。

いずれにしても、トータルで「苦」が多くなってしまいます。苦しみ依存をやめましょう（**図20**）。

逆に、苦しいことがあっても、それほど頑張らない態度をとる人もいます。それを「潔《いさぎよ》い」ということがあります。よくできた人の見本のようなものですよね。

なぜ努力しないことが褒《ほ》められるの

か？　生真面目《きまじめ》な日本人は潔くないのがデフォルトだからです。わかりやすく説明しましょう。

怠《なま》けたい、手を抜きたい、投げ出したいという「欲求」に屈《くっ》しないために、私たちは、**頑張りたい、乗り越えたい、やり切りたい。でも、これらも「欲求」なのです。**しかもかなり強い欲求のため、本当は苦の少ない人生を送りたいのに、この欲求に突き動かされると、逆に苦が多い人生になってしまいます。潔い人は、この頑張る系の強力な欲求を上手にコントロールできている人です。だから尊敬されるのです。

ただ、潔さに憧れすぎるのも問題です。人生には頑張りが必要なときと、手を抜いたほうがいいときがあり、その状況次第で、選択できるようになればいいと思います。

いずれにしても、苦しみ依存が強い人は、そこをゆるめたいものです。

## 2 楽しむことへの罪悪感を減らす

苦しみ依存が強い人は、苦しくない、つまり**楽であることに、不安と罪悪感を持つ**傾向があります。**楽しいと、なんだか落ち着かない**のです。

楽しむことが、何か重要な課題（危険予防、悪化予防、自分の成長、使命……）を放置しているようで、罪悪感と不安が湧《わ》きやすいのです。

怠けグセを戒めるため、「先憂後楽《せんゆうこうらく》」という言葉があります。「将来に万全を期さないと、楽しんではいけない」という認識であり、かなり縛《しば》られた生き方です。

たしかに、猛獣に襲われる危険が高い環境なら、まずは命を守る態勢づくりが優先です。食べものに苦労するなら、まずは食料確保に心を砕《くだ》くべきです。

ところが現代社会では、それほどのせっぱ詰まった危険はないことがほとんどです。楽しんでも、命を取られるようなリスクが高まるわけではありません。

単なる文化や教えに縛られて、私たちは楽しむことが下手になってしまっている部分がある。しかも、それが染みついてしまっている。

ですから、ここで紹介した、苦しみ依存や、楽しむことが下手と感じる人は、**「楽しむことの練習」から始めたほうがいい**のです。

ちょっとした楽しみを積極的に味わってみる。できるだけ苦労のルートを通らず、純粋に楽しみだけを感じる。もっと自分の動物的な欲求を認めてあげるのです。

そして、**楽しんだ後は、罪悪感を持たない**ように意識しましょう。

**「楽しいことは悪ではない」**と言い聞かせてください。

**楽しい状態は、私たちの人生の前向きなエネルギー源**です。これまでは不安のエネルギーで行動してきましたが、これは苦しさを伴います。

楽しい状態になると、次はもっと楽しみたい、もっとチャレンジしてみたいという**「ワクワク系」のモチベーションが発動します。**そうなると、その場のパフォーマンスも上がります。

最近のアスリートが「楽しむことだけ考えます」というのは、そのためです。以前は「国のために頑張ります」という不安系のモチベーションでした。だから国際舞台で萎縮《いしゅく》する日本人選手が多かったように思います。

## 3 小さなことから楽しさを開発

「楽しいことをやりましょう」と言うと、「何が楽しいのかわかりません」と答える人もいます。長いこと自分の楽しさを封印しつづけた結果です。

その人は、**「何かをすれば大きな快を感じられる」とイメージしています。期待値が高すぎるのです。「少しでも楽、楽しい、うれしい、ワクワクする、興奮する、などを感じられればよし」**とするぐらい期待値を低くして、いろいろ試してほしいと思うのです。

たとえば、ちょっと昼寝をするだけでも、快があります。三度の食事にも快がある。グルメリポーターのように、味、温度、歯触り、香り、のど越し、飲み物との相性などに注目し、快を見つけてみてください。

睡眠欲、食欲、性欲は三大欲求と呼ばれますが、この快は感じやすいものです。

何か活動をするときは、知識があればより楽しくなります。絵画を鑑賞するときも、ただその絵を見ただけだと「美しいね」で終わりますが、その画家の生い立ちや、描かれている時代背景などを知ると、がぜん楽しく、面白くなります。

また、楽しみつながりで広がる人間関係をつくると、楽しさの共有や情報交換によって、どんどん楽しさが強化されていきます。推し活などにはまる人が多いのは、そのためです。

ぜひ、ネットやグループなどをうまく活用して、楽しさを開発し、楽しむことに慣れておきましょう。

**まとめ**

・嫌な刺激から離れる。YouTube や TikTok などに没頭する時間をつくるのもよい
・「快感シャワー」や楽しいイメージカを鍛えて快をたくさん取り込む
・苦しみ依存をやめ、楽しむことに罪悪感を持たない

## プチ楽観主義 5

# 動いてゆるめて自由になろう

## 不安で硬い体をゆるめる

仮想現実を変える方法として、体からのアプローチも非常に有効です。いわゆる「運動をすると、気分が変わる」方法です。

仮想現実を変えるためには、いろいろな方法を同時に試してみるのが効果的です。何が効果的かは個人差が非常に大きいものですが、私個人は、体からのアプローチが特に有効だと感じています。

私がおすすめするのは、**散歩**、**軽いランニング**、**ヨガ**、**ピラティス**、**軽い筋トレ**、**自転車**、**カラオケ**、**楽器演奏**、**ゴルフ**、**ボウリング**、**つり**などです。前章で説明した「癒《いや》し系」（165ページ）だと使いやすいものです。同じランニングでも、走り込みすぎるとエネルギーを使いすぎるので、そこは注意してください。

体からのアプローチを考えるときに重要なのは、脱力した状態に持っていくことです。不安の第2～第3段階になると、自分の体が弱っているので、外界に対して警戒しなければならず体に力が入ります。さまざまな対処の行動の準備や、他者からの攻撃への備えとして、肩や首、腰や腹筋などに無意識のうちに力が入るのです。

この無意識の体の緊張は、心の緊張をさらに強めると同時に、大変エネルギーを消耗させます。

ですから、**心を変えるよりまずは体の緊張を解く、つまり脱力するというアプローチをしてみる**のです。不安をなくせと言われても難しいですが、肩の力を抜けというのは簡単にできますし、プロローグのエクササイズ（26ページ**図3**）で試したように効果の実感も得られやすいのです。

私は、日頃から少し時間があると、テニスの壁打ちで体を動かします。その間は不安なことを考える余裕もありませんし、体を動かした後はその反動でリラックスした脱力状態になれるのです。

ただ、この体を動かすという方法にも、個人差があります。

たとえば自衛隊では「嫌なことがあったら走ってこい」などとよく言われたものですが、私の場合、ただ走ることがあまり好きではなかったので、走らされると逆にストレスがたまりました。

その人の能力や好き嫌い、状態によって、同じ体を動かすにしても、その人に合うものを探していかなければならないし、探していくのが正解なのです。

## **1** DNA呼吸法と楽呼吸

体からのアプローチの中でも、私がクライエントやいろいろな集団に指導して、最も評判がいいのが、呼吸法によるアプローチです。

呼吸法にはいろいろありますが、ここでは、私がよく紹介しているオリジナルの呼吸法２つを紹介しましょう。

１つは**DNA呼吸法**。**「大丈夫、なんとかなる、明らかにしよう（頭文字がDNA）」という言葉を唱えながら大きな腹式呼吸をする**ものです。やり方は次のとおりです。

①「大丈夫」と心の中で呟《つぶや》きながら、ため息をつくように息を吐《は》く

②「なんとかなる、なんとかなる……」とくり返しながら、引きつづき、お腹《なか》をへこませながら息を吐きつづける。下腹から息を吐きだすイメージ

息を９割ほど吐き切ったら、

③「明らかにしよう」と呟きながらお尻の穴を締め、少し（１～２秒ほど）呼吸を止める。

そして、反動で吸って①に戻る

大きな呼吸なので10回ほどやれば、なんとなく不安な気持ちが麻痺《まひ》してくる感じをおぼえることができるでしょう。

もう1つは、私が**「楽呼吸」**と呼んでいるもので、**とにかく苦しくない楽な範囲で、自分の呼吸を数えるだけ**のものです。

やっているうちに苦しくなったら呼吸の長さや深さなどを調整して「楽な呼吸」を探していきます。この呼吸は、疲れたり苦しくなることがないので、長くやっても結構です。飽きたらやめればいいという程度で気楽にやると、効果が感じられやすいでしょう。DNA呼吸法に比べて、即効性は感じられませんが、落ち着いた気持ちになりやすい呼吸法です。

このような呼吸法を試すときのいちばんの留意点は、**「正しい呼吸法を求めない」**ということです。どうしても何か秘技のような呼吸法があって、「そのとおりにやらないから、自分が呼吸法の効果を認識できない」と考える人が多いのです。

しかし、どんな呼吸法がその人のいまの緊張をゆるめるかは、人によっても、状況によってもまったく変わるので、やってみて、自分で調整していくしかないのです。

ですから、何秒吸って何秒吐くとか、口ではなく鼻で息をすべきとか、呼吸法でよく言われる具体的な縛《しば》りごとを意識するよりも、とにかくやってみて、少しずついろいろなところを変えてみて、ちょうどいいなぁと思う呼吸法を、自分で開拓するつもりで臨《のぞ》んでほしいのです。

唯一《ゆいいつ》のポイントは、**いまより少しだけ深く長い息をする**こと、それだけです。

不安になると呼吸が浅くなっているのです。いわゆる息をひそめた感じになります。集中して何かを観察したり、考えるときにも、どうしても呼吸は浅くなります。また原始人のなごりで、大きい呼吸をすると獣《けもの》（危険なもの）に気づかれるため、呼吸が浅くなっているという側面もあるでしょう。

そこでいまの呼吸より、ほんの少しでいいので、**長く深い呼吸をしていけば、体が「それほど緊張すべき状況ではないのだな」という信号を受け取り、それが思考や視点にもよい影響を与えていく**のです。

これが呼吸法、つまり体から仮想現実にアプローチするメカニズムなのです。

細部の注意点が気になると、逆に緊張して呼吸が浅くなってしまいます。また長すぎても苦しくなって、逆に緊張が増してしまいます。いまの呼吸より、ほんの少しでも長く、少しでもゆっくりした呼吸をしさえすればよいと、大雑把《おおざっぱ》に考えてほしいのです。

仏教の読経《どきょう》や教会の賛美歌などが心を安定させるのも、このような呼吸法の効果も手伝っているのだと思います。

この呼吸法は苦しいときにやればいいのですが、疲労の第2〜第3段階では根気がなくなっているので、自分に合う呼吸法を探すのが、おっくうになることが多いのです。

できれば元気なときに数回やってみて、自分なりのコツや、自分に合う呼吸法のリズムなどを見つけておくといいでしょう。

たとえば通勤している人などは、通勤電車で5分間は呼吸法をやってみよう、などと決めて1週間もチャレンジすれば、きっとこの呼吸法のよさを体感できるし、コツもつかめると思います。

癒し系のストレス解消法と同じように、ある程度「育てていく」必要があるスキルだと思ってください。

## エネルギーケアで疲労をゆるめる

本書ではエネルギーケアの重要性について、これまで何度か説明してきました。

「刺激から離れる」とか「体をケアする」などという方法も、結局はそれ以上エネルギーを消耗しないための方策なのです。実際には、悩みとエネルギー（疲労）は密接に連携しており、**悩みに対処しようとするより、エネルギーケアをすることのほうが効果的な場合が多い**のです。

ところが、そのことを多くの人が認識できないでいます。少しぐらい疲れてもそれを無視して頑張るほうが、褒《ほ》められ、認められる文化があるからです。また、危険なときに疲労で動けないようではまずいので、体が一時的に疲労を感じないようになる仕組みもあるのです。

悩んでいるとき、多くの人が、自分は疲労をあまり感じていないし、悩んでいるのは客観現実の問題のせいだと信じ切っています。**疲労を改善することによって、仮想現実の危険なイメージや雰囲気がやわらぐ**体験をしていないので、疲労のケアを重視できていない人が多いのは残念なことです。

あるクライエントは10年間、うつで悩んでさまざまな病院やカウンセラーを渡り歩いていましたが、「自分自身の問題を解決できない」と悩んでいました。よく聞くといわゆるライフイベントが立て込んでいて、さらに「ハシャギ系」のストレス解消法と、寝る間を惜しんで勉強や資格取得などの努力をしたせいで、10年間ずっとエネルギーを回復できないでいたのです。

私はそのことを説明して、**とにかく一日9時間寝ること**をお願いしました。

クライエントは半信半疑でしたが、もともと真面目な性格のため、私がお願いした内容を必死に実行してくれました。その結果、なんと1ヵ月後には、

「こんなに明るい気持ちになったのは本当に久しぶりです。仕事にも意欲を持って取り組めるようになりました。**自分は疲れていたのですね。睡眠って本当にすごいですね**」

と感想を報告してくれたのです。

疲労をコントロールすることは、感じないものをコントロールするわけですから、じつはかなり難しい作業になります。

うまくできるようになるための、いちばん簡単な方法は、時間による管理です。

睡眠時間や休み時間をコントロールしてもいいし、仕事時間をコントロールしても結構です。

そもそも働き方改革で月残業が45時間を上限とされたのは、一般的な環境の中でそれを超えると、睡眠時間が6時間以上取れなくなることが多いからです。**睡眠時間が6時間を**

## 図21　エネルギーを使う行為・イベント

- 期待値との差が大きい事象（世の中、自分、他者への期待）
- 感情（特に不安系、自己批判系、恐怖系、怒り系）が続く
- 人に対応する（多数、敵対、権威、初めて）
- 攻撃を受ける（パワハラ、虐待、いじめ、カスハラ、派閥）
- 移動する（転勤、出張）
- 新しい仕事、環境が変わる（昇進、出向、副業）
- 生活のペースが変わる（昼夜、繁閑、タスクフォース、長期休暇）
- 他者の影響大の場、環境（援助、引きずられる、認められたい）
- 孤独（精神的、物理的、仕事上）

**切ると、急に心身に不調を来《きた》す確率が高くなります。**

また、これもあまり知られていないことですが、日常の中で**エネルギーを使いやすい行為やイベントがあった後は、きちんと休養を取るようにする工夫が必要になります。**図21に「エネルギーを使う行為・イベント」を挙げておきましたので参考にしてください。

### 1 休む練習、途中でやめる練習

エネルギーケアのために、ぜひみなさんに日頃からやっていただきたいトレーニングがあります。それは「休む練習」と「途中でやめる（中断する）練習」です。

私たちは何かを始めたら最後までやり切りたいものです。そのほうが一気に仕事を終わらせることができるし、また全部やったほうが自信もつくし、スッキリ気持ちいい。周囲からも褒められます。

ところが、もし疲れているときにこのスタイルを貫き通してしまうと、深いところまで消耗を進めてしまう可能性があります。

やりぬくことも大切ですが、**休んだり途中で中断したりするスキルも身につけたい**ものです。

怠惰《たいだ》を克服《こくふく》して社会的に成功してきた人は、この休んだり中断することが大変苦手なようです。**休んだり中断することで、自責の念と不安を感じるから**です。

ですから日頃から何かを、あえて中途半端で終わらせたり、何かの途中でこまめに休憩したりする「練習」が必要になります。

その際には、どうして休んでよかったのか、中断してよかったのかについて、自分に対する言い訳を、きちんとつくり上げることが重要になります。たとえば、次のような「理由づけ」です。

「全部やり遂げたらいいのかもしれないけれど、やり遂げなくてもそれほど大差ない」

「ここまでできたらやり方だけはわかったので、それでよしとしよう」
「今日は時間がないので、これぐらいの完成度でスルーしよう」
「本来は自分以外の人もやる作業なので、その人の分を残しておこう」

理由はなんでもよく、とにかく**「やるべきなのにやらなかった」という罪悪感を減らしておけばよい**のです。そうすれば、このスキルが身につきます。

怠惰というのはとても悪いイメージかもしれませんが、原始人的側面から見ると、怠惰は「貴重なエネルギーを無駄遣いしないための非常に優秀な省エネプログラム」だと考えていただくといいと思います。

エネルギーがあり余っているときは怠惰をコントロールしてもいい。しかし、**エネルギーがないときには怠惰の感情に従うことのほうが、生き物として正解**なのです。怠惰に敏感になりすぎるクセをゆるめるためには、休む、中断することに対する不安や自責に慣れておく必要があります。

練習あるのみ。「40回、４００回の法則」を思い出しましょう。

## 不安だらけの人間関係をゆるめる

人は、付き合う人によって大きな影響を受けます。特に不安という感情は、他者の動きに敏感なので、周囲に不安が強い人がいると、自分まで不安になるものです。

ですから、自分より少しポジティブな人と付き合うようにすると、自分の不安を不必要に煽《あお》らずにすみます。

一方で、人には、自分の感情を認めてほしい、共感してほしいという欲求もあります。その場合、ポジティブな人には、自分の不安を理解してもらいにくくなります。

つまり、付き合う人がネガティブな人であっても、ポジティブな人であっても、それなりのメリット、デメリットがあるのです。

**日頃から、いろいろな人とバランスよく付き合う**のが理想です。

私の持論では、ある程度その人となりを把握《はあく》できて親密に付き合えるのは、１００人ぐらいではないかと思っています。弥生時代の村が１００人程度だったそうです。その１００人で一生暮らしていきました。１００人いたら、バランスよくいろいろな人と付き合えると思います。

ただ、自分は人嫌いだ、という人なら10人でもいいでしょう。そのときこそ、ポジティブ系、ネガティブ系のバランスを大事にするといいと思います。自分のまわりが、強いネガティブ系が7人、あとは普通という場合、**ちょっとポジティブな人との付き合いを、勇気を出してつくっておくとよい**と思います。

コロナなどの不安な時代でも、知り合いにポジティブな人が1人でもいれば、少し楽観的なアドバイスをくれるでしょう。

## 1 悩んだときの相談先を育てておく

人付き合いの面で、もう1つ意識しておくとよいことがあります。それは「相談先」をつくって（育てて）おくことです。

不安の第2〜第3段階になると、理性が低下し、いつもの自分ではなくなります。いわゆる「別人」になってしまい、さまざまな問題や悩みの解決に際し、1人ではうまく答えにたどり着けなくなります。

そんなときは、相談がとても重要になります。

このとき、客観現実の問題を解決するには、理性的に思考することが得意な人や専門知識を持つ人を相談先に選ぶといいでしょう。じつは、これは案外すぐに見つかります。

多くの人が、ちょっと相談すると、この問題解決の視点で考えてくれるからです。健康、お金、進路など適切なアドバイスをもらえます。親切な人なら、一緒に情報収集をしてくれるでしょう。

**育てておきたいのは、仮想現実の問題を相談できる人**です。

具体的には、あなたの**思い過ごしの不安や、人に言えない悪意や、隠している悲しみ、自信のなさ、自責の念などを「打ち明けられ、共感してくれる」**人です。

仮想現実の悩みは、ほかの人にはなかなか理解できないものです。「あなたの思い過ごしだよ」とスルーされることが多いのです。

仮想現実の悩みでも、人間関係などは客観現実にもつながるので、たいていの人は「こうすれば改善する」という対策を考えてくれます。ただ、あなたが第2〜第3段階のときにはそれを実行するのをとても大きな負担に感じてしまうし、また、うまくいくとも思えないのです。

だから、アドバイスを受けても、実行しないことが多くなります。すると相手は、今度は「そういうことだから、悩むのよ」とあなたを非難しはじめます。

こうして、**人は仮想現実で悩むと、他人に相談しなくなる**のです。元気なときは8割の人が「何かあったら相談する」と言うのですが、うつっぽくなると急に相談しなくなるのです。

本当はいちばん相談しなければならないときに、相談しなくなる。これをなんとか予防したいものです。相談しないと、つらさを自分で我慢《がまん》することになり、エネルギーがどんどん失われていきます。人はどこかで自分の感情を吐き出すと、少なくとも感情を抑え込むエネルギーが解放されて、楽になります。

もし、相手が、あなたの仮想現実での過剰な不安や苦しみを「否定」しないで受け止めてくれれば、怖い世の中で自分のことをわかってくれる味方を得た思いで、さらに楽になるものです。

そんな対応をしてくれる相手を日頃から見つけておくことです。具体的には、こんな人です。

- **聞き上手な人。**きちんと細部まで聞いてくれる人
- **アドバイスや自分の考えを強く押しつけない人**
- **許容力がある人。**「いろいろな人、いろいろな感じ方、いろいろな正義」があることを認めてくれている人
- **攻撃的でない人。**自分と考えの違う人を責めない・攻めない人
- **口の堅い人。**自分が漏らす情報が、どのような影響を持つのかをきちんと考えられる人

これに当てはまりそうな人がいたら、日常の些細《ささい》なテーマについて、**自分の内面を打ち明ける練習にもなります。**これは**あなた自身が内面を打ち明けてみて、反応を確かめておきましょう。**たとえば、「○○さんの、ここがあまり好きじゃない」とか「自分は○○のところがダメなんだ」などです。

また、その人が何か困った状態になったときは、積極的に助けてあげるとよいと思います。そうすると、お互いさまの関係をつくれます。

不安の第2〜第3段階になると、その人に迷惑をかけるのが嫌で相談しないということが起こるのですが、お互いさまの関係だと、それを感じなくてすみます。

## 2 対人恐怖を克服する方法

私たちの不安は、そのほとんどが対人関係に絡んでいると言ってもいいと思います。原始人の時代なら飢えや干ばつ、大洪水、部族の争いなどの危険を重視していたかもしれませんが、文明が発達し安全になった**現代社会では、私たちの感情をいちばん刺激しているのが「対人関係」**なのです。

というのも、人は人を殺す可能性がある、いちばん恐れるべき対象だからです。

殺人事件などそれほど頻繁《ひんぱん》には起こらないと思うかもしれませんが、私たち人の歴史を振り返ってみると、人は簡単に他人を殺すことができたし、殺していた時代のほうが圧倒的に長いのです。

だから私たちは他者と少しの意見の相違が生じたり、口論しただけでも、「もしかしたら自分は殺されるかもしれない」という飛躍したレベルの不安を感じてしまう場合があるのです。

そのような過剰な不安を持ったとき、私たちはやはり原始人的な対応をしてしまいます。つまり危険な人物からは距離をとって、対処しようとします。これでひと安心です。

ところが、この対応だと、まだ不安が続きやすいのです。

**「危険人物だ」という認識は、その後その人との交渉をしなくなると、私たちの心の中で勝手にエスカレートしてしまう**のです。限られた過去の情報だけをもとに、仮想現実の中でその人は極悪非道な人間に育ってしまうのです。

この現象は、昔から国と国との争いでも生じてきました。いわゆる国交断絶をすると、お互いの敵意が膨《ふく》れ上がるのです。そういう場合、まずはどこかに話ができるチャンネルをつくって外交を再開するのが、関係回復のための常套《じょうとう》手段です。

　同じように、過剰な対人恐怖を持ってしまった場合も、その人から距離をとりすぎて客観的な情報が入りにくくなる状態を固定してはいけません。伝聞情報は必ずネガティブなほうに解釈してしまうからです。**勇気がいることですが、できるだけ当人と会うことが、じつは不安を低下させるいちばんのコツ**になります。

　その人に会って一気に話し合うのはなかなか難しい場合でも、できるだけその人に近い周辺の人に会って、情報収集するといいでしょう。自分で思い込んでいた相手の悪意ある行動が、案外そうではなかったとわかることもあるのです。

　**他人への恐怖感は、まずはいったん離れてみる。そして、誰かに打ち明ける、周辺に聞いてみる。**

　もちろん、自分の人生の中で二度と付き合わなくていい人だったら、距離をとるだけでいいでしょう。でも、いろいろな制約からどうしても付き合わなければならない人だとしたら、過剰な不安や恐怖心を持ちながら付き合うことは、自分のエネルギーを大変消耗することになります。相手の情報を誰も伝えてくれないなら、自分で積極的に情報を取りに行かなければならないのです。

### 図22　対人恐怖をゆるめる視点修正エクササイズ

**＜7つの視点＞フラットな見方に修正する**

- 自分視点（自分から見たら？）
- 相手視点（相手から見たら？）
  （相手はどうだった？）
- 第三者視点（第三者が見たら？）
- 時間軸視点（1ヵ月後、1年後は？）
- 宇宙人視点（宇宙人が見たら？）
- ユーモア視点（コントにしてみたら？）
- 感謝視点（「ありがたい」ところは？）

**「自分が冷静になるには○○が足りない」**

＜3Y＞
許し・やさしさ・柔らかさ

＜KGBACT＞
距離・学習・バランス・あきらめ・調査（知恵）・タイミング

## 3 対人恐怖をゆるめる視点修正（7つの視点、3Y・KGBACT）

このような対処をしたとしても、どうしても疲労や不安の第2〜第3段階のときの私たちは、相手の悪意や恐怖・脅威《きょうい》のほうを強く認識してしまうものです。

少し距離と睡眠をとって第1段階に戻ってきたとしても、その認識はなかなか修正されるチャンスがありません。

そこで少し落ち着いてきたときに、対人恐怖をゆるめ、相手についてのフラットな見方を復活するためのエクササイズを紹介しましょう。

1つめは「**7つの視点**」と呼んでいるものです。

自分視点、相手視点、第三者視点、時

間軸視点、宇宙人視点、ユーモア視点に感謝視点の7つの視点であえて考えてみるというものです（図22）。

・**自分視点**＝自分の体調が悪かったから、過敏になっているのではないかと考えてみる
・**相手視点**＝相手にとって自分はどう見えているのかと考えてみる
・**第三者視点**＝第三者から見たら2人の関係はどう見えるのか、と客観的な視点で考えてみる
・**時間軸視点**＝2人の関係は1ヵ月後はどうなっているのか、1年後はどうなっているのかなどと、長いスパンで考えてみる
・**宇宙人視点**＝2人の関係を宇宙人が見たらどう見えるのか、大きい視野で考えてみる
・**ユーモア視点**＝2人の関係を何かコントのようなユーモアのある文脈で考えてみるあるいはイメージの中で、コントにしてみる
・**感謝視点**＝先に紹介した感謝の目線で2人の関係を見てみる

相手視点は、相手の視点で2人の関係を見てみるものですが、「相手にとって自分がどういうふうに見えているのか」だけではなく、「相手はいまどういう状態だったのだろう。

疲れていたのかもしれないし、慌《あわ》てていたのかもしれない」「相手はどういう意図だったのだろう、もしかしたらこういうことを伝えたかったのかもしれない、こういうことに関心があったのかもしれない」などと、相手に関してその思考や行動の可能性をさまざまにシミュレーションしてみることも大切です。

私は元自衛隊員なので敵と対峙《たいじ》する訓練場面で、この相手視点からの「敵の意図」分析をたくさん経験しました。

**相手の立場や相手の意図などから見てみると、自分視点ではなかなか思いつかない要素にいろいろと気づくことが多い**ものです。

ただ、第2〜第3段階で怒りと疲労が強いときは、この相手視点の作業をすることさえ、「どうして被害者の自分が、相手のことを善意に想像しなければならないのか」とよけいに腹が立ってくることが多いのです。そのときは、この相手視点はパスしてください。

ほかにも私がクライエントに紹介している振り返りの視点として、**「3Y・KGBACT」**があります。

7つの視点同様、対人関係だけでなく、さまざまな振り返りにも使えるツールなのですが、**「自分が冷静になる（大人になる）には〇〇が足りない」という文脈で考えてみるエクサイズ**です（図22）。

**「許し、やさしさ、柔らかさ」が３Ｙ**です。相手にイライラしたり不安に思う自分に対して、たとえば「許しが足りない」「やさしさが足りない」「柔らかさが足りない」などと呟《つぶや》いてみます。しっくりくるならそれでいいし、しっくりこないならスルーします。

**「距離、学習、バランス、あきらめ、調査（知恵）、タイミング」がＫＧＢＡＣＴ**です。これも同じように呟いてみて、自分の整理に役立つなら使ってみるという程度で試してみてほしいと思います。

ただ、７つの視点も３Ｙ・ＫＧＢＡＣＴも、不安や疲労の第2〜第３段階でこれらのエクササイズをやってしまうと、「どうして被害者の自分が努力しなければならないのだ」と逆に腹が立ってしまうことがあるので、実施するタイミングは選んでほしいと思います。

## 不安にすくんだ自分をゆるめる行動スキル

仮想現実に影響を及ぼすためには、環境を変えるのが手っ取り早いものです。

一般的に不安になると思い込み（客観現実と仮想現実との差）が大きくなってくるので、

考え方や視点を指摘し、その思い込みを修正する作業が、有効だと思われがちです。たしかに理性・思考の力が強く、感情の力が弱い第1段階ならこの方法は有効です。

しかし、疲労や不安の第2〜第3段階になって感情の力が強くなっている状態では、そのアプローチは効かなくなってきます。

その状態になると、不安感情の「すくむ」という機能が悪循環するようになってくるのです。

本来**「すくむ」は、原始人が外界に危険を感じたときに、住処《すみか》に引きこもって行動を控える状態にするためのもの**です。しばらくすくんでいれば、猛獣も立ち去ります。

原始人には非常に効果的だったこのすくむという対処は、現代人にはむしろ逆効果になることが多いのです。

現代人の場合、客観的な現実の中で死に至るような危険はあまり見当たりません。客観的にすくむ必要性がない状況の中ですくんでいると、まず第1に、外界に明確な変化がないために、**すくみっぱなしになる可能性が高くなります。**引きこもりになって、次に、外に出るチャンスを見いだせず、引きこもりが長期化するパターンがこれです。

第2には、**すくむことによっていっそう不安がりやが固定してくる**のです。これは本書の「不安がりや」というテーマそのものに影響してきます。

すくんでいると、外界からの情報が入ってこない。たしかに、これ以上の不安情報が入力されないので、不安がパニック的に大きくなることは避けることができます。

ところが、根底の不安は続いているので、限られた情報の中からリスクを検索しつづける状態が続いてしまうのです。限られた情報というのは、基本的に過去の情報とすくんでいる自分から見えるだけのいまの情報です。

「自分はダメで、他人は自分を攻撃し、世の中は搾取的で、未来は危険」の4つの思い込みで処理された物語を反復するだけで終わってしまいます。新しい情報が入ってこないので、「ずっと考えている」としても、同じことをなぞっているだけの状態になるのです。「忘れてしまう」対処法のデメリット（77ページ）と同じです。

こうなると、**不安でいる「時間」が長くなって**しまいます。時間は感情に働きかけ、よけいに不安が固定して、**そのおびえた状態が「性格」のようになってしまう**のです。

この悪循環を避けるためには、**不安でもなんらかの行動をとること**が有効です。

行動すれば、新しい情報が入ります。

ネガティブな情報もあるかもしれませんが、ポジティブな情報に触れる可能性もあります。

ネガティブな情報が入ったらさらに不安になるかもしれませんが、それは、これまでの固定的な不安とは違い、新しい不安です。**その新しい不安を受けて、また次の行動をとる**ことができます。

不安という感情は「行動を起こさせるためのもの」なので、それが「不安本来のあるべき姿」といってもいいのです。少なくともすくんでじわじわと大きくなる不安、固定した不安からは抜け出せている状態です。

そこで、もし**ポジティブな情報を受け取れるなら、不安は和《やわ》らぐ方向に仮想現実がケアされていきます。動けば動くほど、そうなる可能性は高くなります。**

だから、とにかくなんらかの行動をとることが必要なのですが、これが結構難しいのです。不安な場合、どの行動をとるにもネガティブな結末が過剰にイメージされるからです。

とにかく動きはじめるには〈プチ楽観主義３〉で紹介した方法とかぶる部分もありますが、以下を試してほしいのです。

### 1 好き嫌いで決める

不安の第２～第３段階で分析にこだわっていると迷宮に入ります。

そんなときの脱出法、まず１つめは好き嫌いで決めるという方法です。

自分らしさが出るのが好き嫌い。**好き嫌いを重視するということは、自分を大切にするということ**でもあるのです。

長く生きていると、しっかり分析した結論と好き嫌いで決めた結論の結果には大差がない、ということがだんだんわかってくるものです。

## 2 ノリで決める（流れに乗る、流されてみる）

好き嫌いの延長ですが、「物事の流れに乗ってみる」という考え方もあります。私は元自衛官で戦いについてのプロでしたが、戦闘においてはこの「流れ」という考えを非常に重視します。いわゆる「戦機」と呼んでいるもので、**慎重かつ分析を重視する人はこの戦機を見逃《みのが》しがち**です。

第二次世界大戦のシンガポール攻略の際に、通常なら数カ月かかるような戦闘場面を、戦機を見抜いた小軍がわずか10日で陥落《かんらく》させたという事例があります。

私たちの日常でいえば、**ノッてる人は強い**。理屈《りくつ》を超えたものがあります。スポーツでもビジネスでも、そういう理屈を超えた流れを重視しています。不安がりやだからこそ、そういう考え方をしてみるのもひとつの手です。

### 3 勘で決める

勘というのも、本人から出る信号です。夢や勘は、自分らしさの象徴でもあります。好き嫌いと同じように、自分を大切にした行動をとること自体が、仮想現実の中の自己イメージを補強します。

買い物をするとき、その品物が自分に語りかけてきた、とか、ビビビッと感じたなどのエピソードを聞くことがあります。こういう方法での決断**すべてがうまくいくわけでもありませんが、うまくいかないわけでもない**のです。いずれにしても、自分を大切にしながら一歩進むこと、それだけでも十分なのです。

### 4 神頼みで決める

神様のパワーを上手に借りましょう。守護神（１４６ページ）でもいいし、好きなお守りや人形でもいい。あるいは「六字《ろくじ》訣《けつ》」（発声による気功法）や、陰陽師《おんみょうじ》の呪文《じゅもん》、手刀《てがたな》を切るのでもいい。

迷信や手続きにとらわれすぎるとマイナスもありますが、逆にそのことで落ち着けるという側面もあります。第1章の硬直ネズミ（45ページ）から抜け出すためにも、上手に活用しましょう。

## 5 感情で決める（感情の小人の声を聞く「心の会議」）

もう少し論理的に決めたい、行動したいという人もいるでしょう。もしあなたが自分の気持ちを上手に扱える人なら、「心の会議」という手法が有効です。

人は同時に複数の心を持ちます。私はそれを**「感情の小人」**と呼んでいます。**あなたが葛藤《かっとう》するときには、複数の感情の小人の意見が対立している**と思ってください。

通常は理性が「いろいろあるけど、こうするしかないじゃないか」と対立する小人たちの意見をなんとか封殺《ふうさつ》して、統一した「あなた」を保持しています。

しかし、感情の小人は、自分の意見を封殺されればされるほど、「これをあなたに伝えないと大変なことになる」と、信号を発信しつづけるのです。

これが、「なんとなく気になる、どこかに何かが引っかかっている」状態です。この状態だと、**理性が「こちらに進もう」と決めても、納得していない感情の小人が、強いブレーキをかけてくる**のです。

この状態を打開するには、感情の小人の意見をきちんと聞くことです。

これには手順があります。じつは、プロローグのエクササイズ（26ページ図3）が、感

### 図23　感情の小人の声を聞く「心の会議」

１分… **ストレッチ** ：ゆっくり背伸び、首肩腰を回す

１分… **楽呼吸** ：力を抜いて少し長めの呼吸

１分… **快感イメージ補給** ：穏やかな出来事をイメージする

感情の小人の声を聞き「ありがとう」と言う

情の小人が現れてくるまでの手順です。

理性に目の敵《かたき》にされている感情の小人は、いつもはひっそり隠れていますが、いったん表に出ると大声で泣きわめきます。そんな極端な態度になっている感情の小人を冷静に話しやすくするために、まず、体から感情全体をゆるめます。ストレッチと呼吸を使いました。そして、「攻撃されないから安心していい」と小人に伝えるために、過去の穏やかな出来事をイメージします。すると、「心の会議」の場にも穏やかな雰囲気が出来上がります（図23）。

その段階で、その体感、雰囲気を保ちながら（リラックスした体と安心できるイ

メージに半分意識（注意）を残したまま）、懸案《けんあん》の問題を考えてみるのです。そして、どんな感情の小人がいるのか、観察してみてください。理性の、「そんなことは考えても無駄」「我慢してやるしかないじゃない」「結論は決まっている」などという言葉が出ても、いったん保留して、感情の小人の言葉をゆっくり待ちます。

どんな感情の言葉が出てくるかはわかりません。怒り、不安、恐怖、焦《あせ》り、嫉妬《しっと》、悲しみなど、ネガティブな言葉が出てくるかもしれません。それが感情の小人の声です。何かを感じたら、心の中でこう呟いてみます。

**「いま感じているこの気持ち、本当はみんなが私を守ろうとしてくれてたんだね。ありがとう。いままで嫌って、見ないようにしていてごめんね」**

「ありがとう」と言いにくい場合には、「感謝」だけでもOKです。

何が出てきても、あるいは何も出てこなくても、感情の小人が「自分の意見を尊重してくれた」という認識になれば、これまで理性の決断、すべてに反対していた感情の勢いがおさまります。そして、「そうするしかないか」「たいしたことないし、やるか」などと決断がつきやすくなるのです。

ただこの方法は、自分の気持ちを感じることができる人のためのものです。感情を感じないようにしてきた人は、１人でやるのは難しいかもしれません。そういう人はカウンセラーなどの力を借りてやるとうまくいきやすいものです。

## 6 7～3バランス法（行動法として）

「7～3バランス法」については134ページでも目標設定のスキルとして紹介しましたが、すくんでしまったときの最初の行動法としても活用できます。

たとえばａ案とｂ案で悩んだとき。不安がりやさんは通常、ａ案、ｂ案のいずれもデメリットが2倍、３倍に感じ、どちらを取っても悲惨なイメージしか湧かなくなります。これではすくみから脱出できません。そこで7～3バランス法の登場です。

**a案を10、b案を0に置き、7～3のいわゆる中間折衷《せっちゅう》案を一生懸命考えてみる**のです。

たとえば嫌な人がいたとき、

・その人に直接文句を言う＝10
・その人を避けて会社を退職する＝０

とした場合、７～３の行動とは、

・上司にその人の問題点を訴えてみる＝6
・その人がいるときはその場に行かないように勤務を調整する＝4

という具合です。

このような中間案はメリットも少ないが、デメリットも少ないのです。これなら不安ですくむ状態でも、なんとか行動できそうな案を見つけることができます。**とにかく行動して新しい情報にふれることが、固定した不安からの脱却につながります。**

また実際にそれをやらなくても、「自分は行動できそうだ」とイメージできるだけでも、八方塞《ふさ》がりのイメージからは解放され、自信のケアになり、仮想現実が改善されます。

## 上手な「反省会」で仮想現実をゆるめる

**仮想現実に肯定的な情報を入れたり価値観を修正したりする**のは、不安体質を改善するためにとても重要な方法です。ここでは**その作業を「反省会」と呼びましょう。**

この反省会が重要だという認識があっても、現実にはこれを上手にできずに、いつまでも不安がりやをまったく改善できない人が多いのです。

ポイントが３つあります。実施するタイミングと、やり方、反省会への期待値です。

## 1 振り返るタイミング

多くの方が、自分が苦しいときに、この反省会をやろうとするのです。苦しいとき、つまり不安の第2～第3段階のときは、感情のパワーが強く、理性が働かない状態なので、冷静に考えて価値観や期待値の修正をすることが難しいのです。

また、その段階を、我慢するとか忘れるなどの方法でやり過ごし、なんとか第1段階に戻れたとします。すると、そのときには感情の苦しさも薄らいでしまい、わざわざ自分の人生観や価値観を変えようとする努力をしなくなるのです。これも、エネルギーを節約したがる人の性《さが》です。

生き方を変えられるのは第1段階なのに、第1段階になると変わろうとするモチベーションが低下する。この矛盾《むじゅん》を解消するのが「悩んだとき」なのです。

カウンセリングをしていて、いつも思うことなのですが、**人は悩んだときにしか成長できないもの**です。

ただ、先ほども言ったように悩んでいる最中は難しいのです。瞬間的に第3段階になっているときは、感情に呑《の》み込まれ反省会どころではありません。その時点では強度を下げることに専念します。

ある程度の時間が経ち、**睡眠をとって、なんとか第2段階になってきたときがチャンス**

なのです。まだ問題意識が残っており、かつ変化もできる第1段階に近づいている状態で、きちんと今回の出来事について振り返ります。

## 2 自分にダメ出しはせず、隠れた期待値をチェック

ただ振り返るといっても、一般的に反省会といえば、客観現実での実績を振り返り、自己批判する場合がほとんどでしょう。

たとえば、「今回問題になったのは自分のここが足りないからだ、ここを修正するべきだ」などという振り返りが多いでしょう。

しかしそれだとどうしても自己否定が多くなりすぎて、無意識のうちにそんな振り返りはわざわざやりたくなくなるものです。

何について振り返るべきか。上手な反省会をするときに、とても重要なポイントがあります。それは**「結果については振り返っていいが、思考や感覚についてはいちいち振り返らない」**ということです。

何かに失敗したら当然、結果については「××がダメだった」という反省をして振り返る必要があります。

ところが私たちが苦しくなるのは、**「また私はこう考えていた」**とか**「私はこう感じて**

**しまっている」**など自分の感じ方や考え方についてダメ出しが続いてしまう場合です。
まだ不安の第2段階にいるため、いったんネガティブ思考を観察しはじめてしまうと、次から次へと出てきてしまいます。**思考自体にダメ出しを始めると、ダメ出しの量が圧倒的に増えてしまう**のです。

ただ、結果だけの振り返りでは、不安がりやの改善にはつながりにくいのも確かです。

そこで、結果の振り返りが終わったら、今回の不安に関して、**期待値のチェックだけをおこなってほしい**のです。

その際、自分がどういうポイントで不安になったか、不安をゆるめるためにどういう考え方があるかという視点で考えてほしいのです。

たとえば、不安になった背景には、ほとんどといっていいほど、自分や周囲に対する過剰な期待値が潜《ひそ》んでいます。それを見つけてみてください。

あなたにとって、あまりにも当然の価値観で、見つけにくいかもしれませんが、本書で学んだことを思い出し、一度、振り返ってみてほしいのです。

たとえばプレゼンでうまくいくかどうかで不安になってしまった場合は、無意識のうちに

「よいプレゼンをしなければ」

「周囲から褒められなければ」

「ほかの新人には負けられない」

「どの質問にも答えられなければならない」


といった期待値を持っていることが多いものです。

これらに気づいたら、もしできるならその細部を考えてみます。たとえば、

「『よいプレゼン』の『よい』って何なのだろう」

「先輩のプレゼンがよかった。プロっぽいということか？」

「それとも自信がありそうということか？」

……などと、分析してみるのです。

もし、なんらかの気づきがあれば、もう少し楽になるような期待値（価値観）に置き換えてみてください。たとえば、次のようにです。


「今回のプレゼンですべて決まるわけではない、大きなミスさえなければいい」

「４００メートルリレーの第三走者として、可もなく不可もなくバトンを渡せればいい」

「初めての経験なので、とにかく経験値を積ませてもらおう」

「〇〇さえ伝えればよしとする。あとは上司にフォローしてもらおう」

「先輩はストライカー、自分はアシストになればいい」

「新人が自信ありげなのは鼻につく。ある程度謙虚なイメージで先輩にかわいがってもらおう」


このように、期待値や価値観を変えた見方をするためには、いくつかコツがあります。

・自分のせいだと認識しすぎる場合は、**「ほかの人のせい」「運が悪かった」「タイミングが悪かった」**などと考えてみます。
・十分な成果があげられなかった、と感じすぎる場合は、**もっと悪い結果やもっと悪いパフォーマンスの人と比べてみます。**あるいは、さらに悪かった過去の自分と比べてみるのもいいでしょう。
・今回の出来事そのものの評価から視点を広げ、**今回の体験によって得られた別のよいことをイメージしてもいい**でしょう。たとえば「プレゼンはうまくいかなかったが、新しい友だちができた」「上司の頼れる部分を感じた」など。

これらの新しい価値観はそれを思いついたからといって、今回のダメだったことが完全によかったなどとひっくり返るようなことはありません。客観現実の結果は変えられないのです。しかし、**仮想現実での評価は変えられます。**「まあ、いいとこもあったな」と感じられれば、例の4つの思い込み（信念）をある程度（5％でＯＫ！）ゆるめることができるのです。

**まとめ**

・エネルギーケアのために、「休む」「途中でやめる」スキルを身につける
・対人恐怖を下げるには相手とじかに接すること、行動すること
・「感情の小人」の声に耳を傾け「ありがとう」を言う「心の会議」をすると、不安がおさまり、決断がつきやすくなる

# おわりに

本書の主旨をひとことで言うと「自分や社会へのハードルを下げましょう」ということになるかもしれません。

でも、ハードルを低くする思考には抵抗がある人も少なくないでしょう。ハードルを低くしてしまうと、自分の成長が止まってしまうと考えてしまう不安がりやさんは多いものです。

たしかに、そういう部分もあります。少し背伸びするような目標を掲げつづけることが、成長のコツでもあります。低い目標値だけだと成長しにくいことは事実です。

でも、**期待値はTPO（時、場所、場面）で使い分ければいい**のです。

- 伸びそうな部分は高い目標
- あまり伸びそうもない部分は、手の届く目標

・周囲や社会については、むしろ低い目標を持って、「ありがたい」を感じやすくする

本書では、不安がりやの改善という課題に対し、この「手の届く目標」ということを重視してお伝えしてきました。

どうしても高い期待値を設定しがちなのは、子どもの頃に成長の課題をたくさん与えられたときのなごりです。

私たちはいくつになっても成長したいのですが、子どもの頃のような純粋に右肩上がりの成長曲線をイメージしてはいけません。**波を描きながら、徐々に成長していればいい**のです。

さらにいうと、年を重ねれば重ねるほど、能力の増加の成長ではなく**能力の減衰を少なくするという成長の仕方もある**のです。

忘れてはいけないのは、私たちの幸せに必要なのは、部分の成長だけではないということです。**長期的かつ全般的な成長に重要なのは、**足りないところだけを見て、そこにエネルギーを集中することではなく、**足りないところは自覚しつつ、全体の活動を維持させるバランス感覚**です。

子どもの頃は、足りないところだけを見て頑張るエネルギーがあったし、挫折《ざせつ》しても先生や親がやる気を補強してくれました。

大人になってからは、誰も自分の健康やモチベーションを補強してくれません。それは自分自身でやらなければならない作業なのです。

現代はVUCA《ブーカ》（volatility：変動性、uncertainty：不確実性、complexity：複雑性、ambiguity：曖昧《あいまい》性の頭文字から）の時代と呼ばれ、確固たるものがなくなり、複雑、曖昧で、変わりやすく、先も見えません。あふれる情報の中で、私たちは不安の波に呑み込まれてしまいそうです。

そんなときに本書でお伝えしたことを気楽にやっていただくと、不安におぼれることなく、波を自在に乗りこなすこともできるでしょう。

本書がみなさんのライフジャケットやサーフボードになれば幸いです。

下園壮太

## 11 人は「物語」を見つけ、安心したい

人は、現状を理解し、不安を小さくするために、いろんな解釈をしようとする。その解釈、すなわち物語は、必ずしも客観的でなくても、万人が納得しなくても、その人にとっての安心や意欲につながるものとなる。物語を持てるかどうかで、安心（自信）が決まる。

## 12 子どもの心の強さを求めがち（特に日本人）

1人でやる、全部やる、最後までやる、あきらめない系の思い込みが強い。途中で投げ出したり援助を求めることを嫌がる。我慢強いが、自分の感性や欲求を押し殺すので、「正解」は自分の中ではなく外（部外や権威や海外）にあると感じている。頑張ること、あきらめないこと、勝つことで自信を補強。

## 13 論理的・客観的でありたい（特に日本人）

感情的なことが恥ずかしいと感じやすい。論理的なこと、客観的なことを重視し、感覚的なこと、スピリチュアルなことを軽視しやすい。その結果、数字に騙されやすい。

## 14 人は自分を責めやすく、自信を持ちにくい（特に日本人）

人は、自分には悪いところがたくさんあり、それを他人に隠している、と感じやすい。他者を攻撃するのが怖く、主張もしたくない。目立ちたくない。出る杭は打たれ、攻撃されそうに感じるから。

## 15 人は過去の記憶と将来の不安にとらわれやすい（特に日本人）

不安に備える過程で安心したい。不安が強くなると、優先順位が狂う。不安は集団の影響を受ける。

のをほしがる。なかなか変化しないときでも、「理屈」よりも「体験」をきっかけにして変わりやすい。体験をくり返したり、長く経験したり、イメージの力で変わることもある。

### 6 人間関係のトラブルは当たり前に起こる

人にとって他者は、自分を攻撃する可能性がある存在。だから、人を恐れる気持ちは誰もが持っている。人と人が出会えばトラブルが発生する。かといって、孤独では生きていけない。

### 7 人はそれぞれ、正義もそれぞれ

人にはそれぞれ感情を刺激される「ツボ」や「急所」がある。そのツボは人によって違い、自分と同じでもない。特に、何を正義と感じるかは、普遍的なものではなく、人それぞれである。

### 8 自分を基準に他者の内面を決めつけがち(特に日本人)

相手が自分と違う感じ方をするという前提が鍛えられていない。その視点で見るので、つい被害者的視点が多くなりがち。心の底では多様性を認めていない。いわゆる頭のいい人ほど、人間を知らない。

### 9 人は他人をコントロールしたがる

人は人を恐れる。その一方で、人は人がいないと生きていけない。自分の安全とエネルギーの消耗を避けるために、他者を従わせたい。他者を従わせたいために、わがままになったり、人より優位な立場に立ちたくなる。

### 10 人の言動、反応にはそれなりの理由がある

それぞれの人の経験したことや記憶がベースとなって、現在の発言やリアクションがある。ただ本人もそのことを自覚していないこともある。本人は「物語」として理解。

## 巻末資料　人の心の15の特徴

### 1　人は一貫しないもの

心には、さまざまな感情が同時に湧きあがる。善意も、悪意も、当たり前に同居する。感情は時と場合によってころころ変わる。嘘もつく。裏切ることだってある。特にエネルギー、感情、自信、記憶、個人のストレス対処のクセの影響を受ける。

### 2　感情や欲求はなくせない

感情や欲求は、人間の基本的な機能として備わっている。複数の感情や欲求が対立する（葛藤）のが通常。一時的に抑える（我慢する）ことはできても、ゼロにはできない。なかったことにしたり、ケアをしないでいると、ずっとくすぶり続ける。

### 3　人はエネルギーを使いたくない（怠けたい）もの

エネルギーは、人にとって生命を支える貴重なもの。生死に関わらないと判断された作業は飽きるようにできていて、続かない。何かをやるには、「意味」や「意義」が必要。意味を見いだせず、理不尽と感じる我慢には、限界がある。

### 4　人は成長したいが、なかなか変わらない、成長しない

成長したいというのは基本的欲求。でも言われたからといって、反省したり納得したからといって、人はすぐには変われないし、成長もできない。大人になったら人は「立派」になるのかというと、そうでもない。というのは、変わりたくないのも基本欲求だから。

### 5　でも、人は変われるし、変わりたい

人は、新奇なものを求める。すぐに退屈になり、新しいも

## 著者略歴

心理カウンセラー。NPO法人メンタルレスキュー協会理事長。元・陸上自衛隊衛生学校心理教官。

一九五九年、鹿児島県に生まれる。一九八二年、防衛大学校を卒業後、陸上自衛隊入隊。陸上自衛隊初の心理幹部として、自衛隊員のメンタルヘルス教育、リーダーシップ育成、カウンセリングを手がける。

大事故や自殺問題への支援も数多く、現場で得た経験をもとに独自のカウンセリング理論を展開。二〇一五年に退官し、その後は講演や研修を通して実践的なカウンセリング技術の普及に努める。

著書には『自衛隊メンタル教官が教える心の疲れをとる技術』（朝日新書）、『とにかくメンタル強くしたいんですが、どうしたらいいですか？』（サンマーク出版）、『全部うまくいかないのはわたしが頑張りすぎるから』（WAVE出版）などがある。

**不安《ふあん》がりやさんの頭《あたま》のいいゆるみ方《かた》**
**――自衛隊《じえいたい》メンタル教官《きょうかん》がすすめるプチ楽観主義《らっかんしゅぎ》**

二〇二四年七月八日　第一刷発行

著者　下園壮太《しもぞのそうた》
発行者　古屋信吾
発行所　株式会社さくら舎　http://www.sakurasha.com
東京都千代田区富士見一-二-一一　〒一〇二-〇〇七一
電話　営業　〇三-五二一一-六五三三　FAX　〇三-五二一一-六四八一
編集　〇三-五二一一-六四八〇　振替　〇〇一九〇-八-四〇二〇六〇

装丁　アルビレオ
装画　河合美波
本文図版制作　森崎達也（株式会社ウエイド）
本文DTP　田村浩子（株式会社ウエイド）
印刷・製本　株式会社ブックグラフィカ


ISBN978-4-86581-430-9